認識大陸作家系列

夢柳齋集

一個讀書人的隨筆散札

葛筱強 

推薦序一

是真名士有真見識

伍立楊

葛筱強是一位遠在北國林海小縣中的讀書人，但他卻是新體書話的拓荒者之一，思考生命是其閱讀批評的恒久的命題。得益於經驗直覺的啟迪以及傳統思想的取精用宏，尤其是在思想方法上啟動了詩化的生命直覺，甚且感應到人類生命與自然混融的統一整體性，並在此基礎上，形成他自己獨特的自然生命觀。他以書話、隨筆作為文學手段，以大地山河作為人事背景，闡釋著自己的生命哲學。

浸潤於青燈黃卷，浸泡於思考打量，浸透於自然萬籟，筱強和大自然的關係，乃屬一種罕見的交融互滲，化融一體，進而代言，聲色之魅和形式之美，尚其餘事耳。王國維以為「古今之大文學，無不以自然勝」，這是創作態度，在筱強這裡，則是一種生命意識的內涵構成，讓心情和形式都回到大自然最隱秘的律動，以作者的秉賦天成，至今已然形成閱讀批評的生命直覺和思想基調。

潛心閱讀，潛心修煉，自成體系，深得三昧，這裡面多的是個性獨立和感性生命的熱愛。他的書話隨筆，讀人、說史，多從思想、趣味等等的關節上著眼，抽繹出來的是令人拍案的獨見，底子不乏冷靜的旁觀，質地多有溫情的態度，在他人的渾然不覺中，發現並延展意義的追尋，非久經歷練不能到。

悉心修煉，越是修煉到高境，越多縱橫聯絡的發現，其趣味也愈深，而判斷也愈妙。書友、書迷、書癡，種種與書有關的人與事，繚繞筆墨的空間生命，他對民間讀書人的系統而別致的長文素描，探幽索微，心細若髮，別有洞天，是當下的、來自第一手無法替代的新文學史料。

他說，「我總在內心告誡自己：只有在鄉下，在大自然的懷抱中，你才能永葆一顆善良而敏感的心，才能寫下最優美的詩句，你的靈魂才能得以在大地上棲居。」這是借白楊的蕭蕭寫他心境的空闊。在閱讀中，享受語言烘托情與意交融的完美景致，在意象的萃取上，在人生觀察透徹和深刻方面，他的經歷中有這樣的影子，他的旨趣中不乏這樣的漣漪。

〈農夫筆記〉顯係大氣精妙閒散而能振發人心的白話小品，迷人又醉人。文字的釀造，至於如此，也可謂何以解憂，唯有妙文了。震撼於浩蕩的鴉群的遷徙，離合神光媚態橫溢的垂柳，清晨自然萬籟的秘密閱讀，暮秋、童心、黃榆、鄰居、山鼠，生活之重，在於承受……詩友左手的離去，在大自然的背景下，渲染得滿紙的氤氳，滿紙的沉痛，令人難以自拔。

他是是非分明、神清氣爽的一個人，他的趣味和旨趣確鑿指向一個讀書人，一個君子，一個書生。他的身份是公務員，好像他的精神所求卻是息影山居，摒絕妄想，靜心反思。這當然只是一種外在的狀態，實則如此這般的讀書人，在學界是為真儒，在家族則為孝子，在政壇洵乎淳吏。

他善於在文化界熱鬧的邊緣發現那些真正的最高精神成果，而他在發現中所作的現代詮釋，確乎是一種不可多得的眉批和夾註，一些精到的點醒，出乎意料地尋回了失落的文化自覺和文化自尊。元好問以為陶淵明作品堪稱「一語天然萬古新，豪華落盡見真淳」(〈論詩絕句〉，在他筆下，高明而堅定的持守，就是追求有生命精神的文化閱讀。

閱讀的量是一個基礎，思考的質卻是一個關鍵。筱強月旦人物，臧否時事，彷彿項莊舞劍，意在四兩撥千斤，自有一種每臨大事有靜氣的臨筆不苟。

如此的閱讀是智力的交鋒、藝術的享受，我儕對他的閱讀的閱讀，省卻的是一些鋪墊，除了和他的所得相似以外，還更有審美的效用，醍醐灌頂的承載。

他精審而獨在的選擇中，導引我們放寬了歷史的視界。

筱強的作品將在寶島以繁體（正體）字刊行，正體字是中國古老文明遺留下來的精髓，大自然的智慧與美麗，與繁體字豐富博大的訊息一體交融，用以承載筱強作品的生命價值觀，適得其所，無上圓滿。

遙想葛筱強兄遠在北國埋首書巢，神性的指向中，憑興趣廣泛閱讀，有會心冷靜結裹，樹高千尺，雪厚廿吋，而一燈如豆，書香襲來，這樣的時分，委實繚繞一種雪夜關門讀禁書的況味，緬懷東西方經典中的古老歲月，前人繪有《老子出關圖》，筱強的文友或欲作筱強讀書圖。繪事，我不能也；然而，予有歎焉，一則聯語悄然湧來，也算是以文字替葛兄畫像，並賀大著在寶島付梓發行——

萬卷縹緗　古聖今賢詩客高論論詩客
一燈如豆　林海雪原書香小築築書香

推薦序二

夢柳齋
——葛筱強的「精神後廚」

張阿泉

吉林作家葛筱強君的隨筆散札集《夢柳齋集》將要由臺灣秀威書局出版，他在去年十一月來函囑我寫一篇文章濫竽序言，我延宕至今年二月才開始著手閱讀該書電子文本並斷續動筆試寫。延宕的原因，一是年尾歲初是新聞人最忙碌的時段，需要當機立斷四處奔波，無暇坐下來安靜無擾地讀寫；二是我對寫序之難感觸甚深，其為文角度與分寸最不易把握，所以幾乎視為畏途，總要思考斟酌很長時間方能著墨（哪怕是完成一篇很短的序言也是如此）。記得我為山東作家徐明祥君所著《潛廬藏書紀事》一書寫的序言〈書話散文的一種「雜草叢生」的寫法〉，就整整拖了一年才交差，真佩服徐明祥君等待不棄的耐心。其實我何嘗不想「倚馬可待」，為好兄弟的大著振臂一呼一壯聲色，但多少序言（特別是所謂「名家序言」）也正失敗在此類敷衍成篇、權作人情上，終至隔靴搔癢，徒留幾句空洞乏味、不負責任的過譽之辭。在漫長的閱讀經歷中，曾見過無數這樣的「八股序言」、「面子序言」、「虎皮序言」，殊為痛恨，輪到自己為同道盡職寫序時，也就格外警惕，生怕一不留神墮入庸常一途，褻瀆了序言這種本來具有很深「心靈科研」性質的經典文體。

在拙著《慢慢讀，欣賞啊》一書中，我把曾經散綴於書前書後的七篇序跋文字編成一輯，取名〈序跋是正文的後廚〉（出版家賀雄飛君對這一輯的題目頗為認同)。我的意思是，既曰「後廚」，當然與端莊的「正宴」有明顯不同，應該「轉到廳堂後面看看」，讓人有幸領略與觀察到一些淩亂的、半成品的、油鹽醬醋雜陳的、烘烤燉煮熱氣騰騰的、油煙味撲鼻的真實景象，這是一種更重要的「回到現場」，也是序跋文字往往飛鴻踏雪、獨具魅力的關鍵之處。

按照「序跋是正文的後廚」這個句式，我們還可演繹出「日記是行為的後廚」、「書房是思想的後廚」、「舊書攤是書香隨筆的後廚」、「睡衣是西裝的後廚」、「床是愛情的後廚」、「夜晚是白天的後廚」、「海洋是冰山的後廚」等等一系列相似命題。但凡「後廚」，都極富於「人間煙火氣息」，有著更大的揭秘、直播、原生、本性、鬆散、寫實、消解、還原等性質。

我的這個「後廚體會」，與龔明德教授的「後花園體會」(在給山東作家自牧所作序言〈書——自牧的天地〉中，龔先生說：「……我們這些僅僅可以讀書寫字的人能夠做的只有永遠安安靜靜地坐在臺靜農、董橋們常待的那座後花園裡，在輕鬆的氣氛中品茶、喝酒、閒聊，同時也翻閱發黃的版本、談論未了的文事，而後成文成書；至於前廳發生的首飾之爭、金銀之奪和權勢之鬥，不是該我們關心的事」，有著同一樣的精神內含與價值取向，那就是我們讀書人寫文章，要力爭不說假大空，要勇於表達一己的觀點，要坦然揭示生活中的實況(包括「窘況」)。

在二〇〇七年夏季的一段不短的呼和浩特會晤中，我曾與龔明德教授進行過風雨朝夕懇談，更進一步總結出「在當代中國，根本不需要虛構」的「實錄法則」，這個法則在我們近年的實際工作中起到了很大的指導與匡正作用。

在各種文學樣式中，散文隨筆是最難以掩藏內心的一種文體，先天具備「自敘」、「自傳」、「慵懶而書」、「偶然得之」的元素和基因。最優質的散文隨筆，譬如《瓦爾登湖》、《四季隨筆》、《一個孤獨的散步者的遐想》、《歌德談話錄》、《鄧肯自傳》、《諾阿，諾阿——芳香的土地》等等，無不是遵循偉大的「實錄法則」，把個人喜怒哀樂的細節與驚世駭俗的思想赤裸揮灑，這是一種自信與實力的下意識張揚。謹以日本最品牌的兩本古典隨筆名著為示例：清少納言的《枕草子》凡三百二十四段，其書名之意就是「放在枕下的一些草紙」，表示這些短章是燈下枕畔床頭的札記、隨想之類，東拉西扯，絲毫不講究結構與章法，卻相當「有意思」（「也是很有意思的事情」是這位日本女才子的「招牌口頭禪」）；吉田兼好的《徒然草》凡二百四十三段，更是「無心插柳」而得，據說是這位老法師在垂暮之年僵臥病榻、回首往事時，只要心有所悟，便抓起筆把零星感想塗於紙片雜貼到牆壁或寫在經卷背面，弟子們在他死後將這些互不連貫、長短無拘的「臨終遺言」逐一揭下或抄出，遂彙集成一卷絕代的「百無聊賴的排憂遣悶錄」。

「實錄法則」對散文隨筆的語言表述提出了一個很高要求，那就是「最大限度地貼近事物的本質」，不浮豔、不虛誇、不忽悠，寧拙勿巧、寧瘦勿腴、寧簡勿繁。二〇〇八年三月，我在北京專訪我的本臺同事、劇作家冉平，他在訪談中明確提出了一點，即對漢語敘事過於甜膩、繁複和油滑非常不滿，而特別欣賞《蒙古秘史》（漢譯校勘本）中那種「半通不通」的硬性文字，覺得特別好，有笨拙粗糙的質感，與世俗漢文化與漢語拉開了距離，過濾掉了漢語對事物的過度渲染。在長篇歷史小說《蒙古往事》後記中，冉平說：「我個人覺得，有關它的寫作更像是還原某種東西，我寫得特別小心，不用漢語成語，儘量少用形容詞，往回退，就像剛開始學習寫作那樣，所以感到很困難，有時也相當困惑……它使我看到了自己的某種能力，最終它將成為它自己，可靠，踏實，有陽謀沒有陰謀，有情感不講義務，天真而智慧，野蠻而高貴。當然，這是我所期望的閱讀效果。」

二〇〇九年九月，在全國第七屆民間讀書年會期間，我向每一位與會代表（包括流沙河先生）贈送了這部黃封皮精裝本豎排老版《蒙古秘史》（內蒙古人民出版社一九八〇年九月版）。該年十一月二十五日，我在成都看望流沙河先生和車輻先生，流沙河先生說他把這本《蒙古秘史》已經通讀完，收穫很大，覺得語言很奇異，並特地翻到此書第九百三十七頁標紅處，大聲朗讀了帖木真母親訶額侖嚴厲訓罵孩子的一段，盛讚是大手筆（回呼後，我查了此段文字「……你每如吃胞衣的狗般，又如衝崖子的猛獸般，又如忍不得怒氣的獅子般，又如活吞物的蟒蛇般，又如影兒上衝的海青般，又如噤聲吞物的大魚般，又如咬自羔兒後跟的瘋駝般，又如靠風雪害物的狼般，又如趕不動兒子將兒子吃了的鴛鴦般，又如不疑二拿物的虎般，又如妄衝物的禽獸般。你除影子外無伴當、尾子外無鞭子」）。

《蒙古秘史》的漢譯語言，屬於直譯或硬譯，原汁原味地保留了這部蒙古史學名著的文化特質，洋溢著野性、原始、草根、口語的力量，它給「過於精巧」、「被國粹緊緊捆綁」的漢語敘事方式提供了一種警醒，值得我們認真反思。草原遊牧文化實踐的東西多、文獻的東西少，其核心思維就是遊牧、流動、無疆界、遵循規律、大膽吸納，用一句最形象的話來概括就是「逐水草而居」。我覺得，如果能把「遊牧思維」運用到我們的讀書、寫作以及學術研究上，一定會打破若干困囿，取得意外效果（關於此論點，我以後將專文探討）。

前面說了這麼多閒話，現在切回序言本題。葛筱強君的這本《夢柳齋集》，大致是他近十年來耕田、執教、搜書、夜讀、冥思、行旅、婚戀、訪學之餘所寫散文隨筆的結帙，主要分兩輯，前一輯涉及農事、購書、旅行、拜晤、懷人等內容，後一輯則悉數是談書品人的書話書評文章。概括地說，《夢柳齋集》是比較典型的「書齋型文字」、「書香文字」、「寫在書邊上的文字」，是葛筱強君的個人心靈史和閱讀史，坦誠無欺地「全息實錄」了一個敏感悲觀、內向寡言、不斷進取的東北讀書達人的內心世界或曰「精神後廚」。葛筱強君的「精神後廚」，既是狹義的「夢柳齋」，更是廣義的一方黑土地民情風物。一個皎皎書生的所思所想，一定與他自幼生長、跋涉、愛恨交加的腳下泥土息息相關。

葛筱強君是很純粹的書愛家，滿懷善良，愛交文友，喜歡通信、寫博，尤其擅於向他一心喜愛與追慕的人（譬如海子、葦岸、樹才、袁毅、伍立楊、王稼句、龔明德、徐雁、袁濱，也包括我）學習和借鑑——也正緣於此，他的詩歌和文章在構思、立意乃至話語習慣上有時會不自覺帶出一些模仿、移植甚至是克隆的影子，這雖是寫作的必經之路，但畢竟稚嫩，需要及早克服與過渡，盡快凸顯出自己的獨立文風（即便是葦岸，其散文作品也像早夭的梁遇春一樣，剛剛擺脫模仿階段，遠未臻成熟，只是醞釀出一個春雲初捲的好氣勢）。至於如今頗為流行的書話寫作，我在〈書話散文的一種「雜草叢生」的寫法〉文中曾做過主題探討，我覺得這一文體「功夫在外」、「看似容易實艱辛」，極易陷入「內容摘要」、「以書論書」、「炒冷飯」、「捧吹人場」的廣告式淺直。一個處於初級階段的讀書人，沒有漫長的淘書甘苦、豐博珍稀的圖書庫存、書人合一物我兩忘的巔峰狀態以及心游萬仞、牽念蒼生的人文關懷，提筆則未免捉襟露怯。葛筱強君的書話散文，寫作時間較晚而起點很高，靈氣十足，已經找到了正確的方向，但還是有些失於清淺。如想成就一家之言，仍須繼續俯仰書海、深化思想，撲倒身子再下幾番苦功夫。愛書是一種更熾烈的體驗人生的狹窄方式，因此書話也是一種「為人生」的藝術，它沒有固定格式，會隨著人生階段的持續精進而不斷變化、提升。

葛筱強君的語言無疑是相當純美抒情的，清晰地透逸出詩人本色（他早年醉於寫詩並多有詩作發表，曾被北京作家寧肯推為「最後一個鄉村詩人」，只不知這明顯不屬於統計學概念的「最後一個」，其範圍是指通榆縣，還是吉林省，抑或是整個中國）。我在旅美詩人程寶林君的散文隨筆中，也同樣看到了這種特有的、難以抑制的浪漫騎士背景。這種情形，很像從一個美女走路的姿勢就能判斷出她是否練過芭蕾舞一樣。「純美抒情」沒什麼不好，但它是一把雙刃劍，副作用即冉平先生所貶斥的「過於甜膩和精巧」，容易造成對事物實質的裝飾、離間和遮蔽，因此冉平先生寫作時才「不用漢語成語，儘量少用形容詞，往回退」。北京作家止庵一直「反對抒情」，靠攏周作人和廢名的「簡單」與「澀」，約略也是此意。我與龔明德教授的共識，則是「堅守白描，樸素到底」，用笨辦法寫字、說話。寫作如苦修、如參禪、如悟道，始終是由絢歸淡、刪繁就簡、逼近內核的過程，沒有圓滿，沒有止境。葛筱強君和我們大家都必須時刻「自控抒情」，不放鬆對語言的洗滌、磨礪。

我的家鄉赤峰市雖歸屬內蒙古，但距黑吉遼三省不遠，有很長一段歷史時期由遼寧管轄，地貌習俗與東北相近，所以葛筱強君筆下所描述的山川景色，我都相當熟悉，並時時喚醒我童年的記憶，激起我對蒼涼風土的無限熱愛。作家實在應該生活在四季分明的北方，北方的開闊、寒冷、健朗與明淨也格外適宜讀書、沉思與寫作。葛筱強君起於寒微青萍，經過了從山村到縣城、再從縣城返回山村、最後又從山村重回縣城的歷練和嬗變，兼得了自然薰陶與文明洗禮，身居通榆而心懷四海，循著生活、讀書與新知的小徑一路蜿蜒走來，完成了一個「野生人才」的孤獨成長。這既是「個案」，也是所有有志於「依靠自身勤奮與智慧獲得自尊與安寧」的民間讀書人的「通例」。

葛筱強君的書齋取名「夢柳齋」，我覺得殊為親切。在北方各樹種中，柳樹是最風神靈秀、惹人鄉愁的一種。我以前做工的赤峰電視臺，樓前搖曳著十餘棵高大的垂柳，枝椏婆娑，成為我勞作後憑窗眺望的陰翳風景。赤峰市原稱「昭烏達盟」，「昭烏達」在蒙古語中的意思恰是「一百棵柳樹生長的地方」。而整個東北大地，到處都有柳樹的廣植與繁茂。在此，讓我與葛筱強君以陶詩相期許，願我們書窗臨樹、書齋無恙，永遠「榆柳蔭後簷，桃李羅堂前」、「歸真反鏷鋤新圃，嫉濁思清度苦年」，把平凡而又高貴的書齋生涯進行到底。

二〇一〇年二月二十七日下午三時至二十八日晚間九時斷續散漫寫畢，時值正月十五元宵佳節，窗外鞭炮繁響、燈火明亮，空氣中彌漫著北國之春特有的微醺氣息，冬天的憂鬱在此刻被蕩然清空。春天的來臨讓我們更加珍惜生命的甘美滋味……

目　次

第二輯 夢柳齋書話

第三輯 附錄

第一輯

夢柳齋隨筆

農夫筆記

浩蕩的鴉群

二〇〇〇年九月二十七日（農曆八月三十日），這是一個將令我終生難忘的日子。黎明時分，我平生第一次看到了無比壯觀的鴉群的遷徙。浩蕩的飛行隊伍雖不規則，卻幾乎遮蔽了我頭頂的天空。鴉聲粗厲嘶啞，迎著東方緩慢升起的太陽徐徐向東南方向移動。它們以幾隻至幾十隻分組在天空中構成了令人興奮和驚異的偉大場面。這場鴉群的遷徙在我的頭頂持續二十分鐘左右。粗略估計，約有二萬多隻。到家中，我查閱了有關烏鴉的資料。烏鴉作為東北的留鳥，大群遷徙（近距離）很是少見，我能在秋天的末尾看到這浩蕩的鴉群，內心的喜悅如同法布林發現蟬有聽覺一樣。

垂柳下的家

家是人的靈魂棲息地。而柳枝尤其是垂柳是人間至柔至韌的美物。

家與垂柳各有其質其美，而二者合璧，便更見一番惹人的韻致。暮春以後，垂柳彷彿中綠的旗袍，籠罩我小小的家舍，猶如一陣煦風吹起的嫣紅。綠柳的絲條被紅瓦輕梳，房舍的姿容由柔柳輕洗，無論急也罷，緩也罷，總是那麼親切、隨意、自然，離合神光媚態橫溢，禁不住讓人滋生迷亂的神情，終至長歎一聲，掩袖入門，提筆管以描摹其萬一。猶是今日，在春花凋零，夏花未盛的時節，唯有在悄然中領略柔柳的千姿百媚，家的萬種風中溫情。不須紅泥之火，但求綠蟻新醅，在慵慵春色中小啜，輕呷，把世事的煩擾煙塵拋擲，把友誼的長流徊想，雖沒有古代名士的儒雅，卻也舒適曠達。在一番春光中沐浴之後，在一片沉默的歌聲裡尋找撿拾零碎的人生，也不失為淡泊明志，寧靜致遠。或許這又一度的春歸春去，預示著又一個嶄新的我的生機呢。

一九九七年四月二十日

雨後的天空

下了一天的雨，終於在黃昏到來之前停止。雖然我久居鄉下，但當我站在菜園裡眺望，仍被這雨後的天空所震懾：團團雲塊被西風吹向遙遠的東方天際，洗浴後天空是一片最原始、最本真的寧靜與蔚藍。落日的餘輝也彷彿被這闊大的藍色所溶化。在我的生命中，還是第一次遇到這樣的清澈的藍色天空。一如散文作家葦岸在一個早晨遇到碩大無比的太陽一樣，我想我在初夏的一天望見這澄明的藍色天空是得了神助的人。在這藍色的天空下，我感到閱讀和寫作都是蒼白的，只有勞動才是最真實的。我在心中說：「天空像塊藍屏，只為純潔和勤勞的鄉下人呈現。」

一個自然主義者的清晨

當我從短暫的眠夢中醒來，面對夏日鄉村的清晨——這幅寧靜的自然畫面，不由得怦然心動。一片片樹葉彷彿天堂裡的金幣在剛剛放射光輝的太陽映照下隨風閃動；一朵朵粉紅色的小花彷彿大地上的粒粒塵埃綻放著屬於自己的芬芳。啊，遙遙空中傳來的一聲鳥叫，彷彿一聲召喚，這自然的一切攫住了我。這清晨，更像一碗清澈的水，讓我從世俗的歡樂與痛苦中解脫出來。這清晨，更像我埋藏多年的眠夢的喚醒者，讓我從心靈深處放棄了所有的創造慾望而留戀於這關於自然的秘密閱讀。

素食主義的必要

世界觀察研究所最近發表了一份有關人類健康與環境問題的報告指出：「世界上營養過剩和體重超標的人口數目第一次趕上營養不良和體重過輕的人口數目——各為十二億左右。」當我在報紙上看到這則報導，心中不由一顫。人間的食糧是有限的，主也是公正的。世上一部分人的缺乏營養乃至忍饑挨餓皆源於另一部分人的大食和貪婪無厭。由此，我愈發感到素食主義所倡導的精神在現世及未來世紀的遠見、偉大和必要。人們的飲食不是為了享受，而是為了生存。饕餮者不僅應為「有一個出賣了自己的大肚皮」而感到羞恥和慚愧，更應為全世界的人共同擁有健康的體魄、美好的生存條件與環境學會節制與自律，從而使自身和靈魂得到完善和淨化。

秋天的車輪

秋天的一個顯著特徵，是風中多了飛舞的落葉。

走在鄉間又乾又白的土路上，秋風蕭瑟而猛烈。

在我的前面，無數的金箔似的楊樹葉子順風飛跑，它們除了偶爾騰空吹去，更多的時候，則是貼著地面，混著飛揚的塵土，車輪一樣滾向不可知的遠方。

如果把秋風比作一駕疾馳的秋之馬車，那麼落葉就是它的車輪。

生活之重

我的岳父，一個年逾五十歲的鄉村農民，他大半生的經歷是豐富而坎坷的。少年喪父之後，作為長子的他挑起了家庭的重擔：奉養老母，為七個弟弟妹妹成家立業。在自己的子女陸續成家，本該怡享天倫之樂時，自己唯一的兒子又因車禍去世。

我不知道世上的苦難有多少，但落在岳父頭上的苦難實在太多了。然而，一次次的打擊並未使他倒下，他說：「人活著，不就是承受嗎！」

每當我遇到挫折、困厄，我就會想想岳父這句素樸而飽含經驗的話，它讓我明曉：生活之重也是生活之輕，關鍵是如何對待它。

暮秋

當農民把莊稼的秸桿收回家，已是暮秋時節。

暮秋的田野一派寥廓、空曠，生長過莊稼的土地現在騰出身來餵養安詳、寧靜的羊群。在幾乎落光葉子的楊樹上棲落著幾隻喜鵲偶爾發出透著涼意的鳴叫。

面對這無邊的秋野，面對我內心的眺望，我想起海子的詩章：

秋天深了，神的家中鷹在集合
神的故鄉鷹在言語
秋天深了，王在寫詩
在這個世界上秋天深了
該得到的尚未得到
該喪失的早已喪失。

暮秋時節，總是讓我沒有緣由地無限悵惘，無限地追懷遠逝的事物。

麻雀

秋天到來之後，我在院子裡種的一些菜蔬開始呈現衰敗之象。如番茄，豆角，茄子。它們凋零了葉子，也落了一些果實在地上。落地的果實引來了一群麻雀。它們在我的窗前此起彼伏，或在落葉間啄食，或揚起腦袋鳴叫，一副自得的模樣。一旦有人從院中走過，它們便「呼」地一下全部飛起，落在我用木頭圍成的院牆上，伺機再落。為了不使它們受驚，也為了自己能夠在窗內享受這份鄉間的快樂，我便儘量減少自己出入院中的次數，以求和這群大地的孩子相處如鄰。因為它們，使我的秋天充滿幸福，也使我想起作家葦岸的詩：

它們的膚色使我想起土地的顏色
它們的家族
一定同這土地一樣古老
它們是留鳥
從出生起
便不遠離自己的村莊。

看見麻雀，我想起自己的命運。

早晨的聲音

秋收開始之後，每天早晨天剛亮就要出發。迎著東方漸漸清朗的曙色，雖然已微感涼意，但坐在馬車上聽著車輪的吱吱聲，馬蹄的噠噠聲，還有迎日而歌的麻雀的叫聲，我的內心頓時一片豐盈。

這早晨的聲音給予我的歡樂，與大地之上莊稼豐收給予的歡樂沒有什麼不同。

小山鼠

我在春天播種的那片豆子已經割完，一鋪子一鋪子地放在地裡晾曬。今天，我去把它們拉回。

在裝豆鋪時，我有一個發現：小山鼠並不是我平日想的那樣奔若驚風。牠貼著地面的跑更似散步。在秋天，小山鼠往往會藏身於莊稼鋪子下面，鋪子既是食糧，又是遮身的屋頂。我用叉子挑起一鋪豆子，一隻小山鼠便以散步的姿勢跑到另一個鋪子。我連挑起幾鋪子之後，牠也沒有感到有什麼危險存在。

自然之詩

我居於鄉間，熱愛看似平常而又無比神奇的的自然。每天早晨起來，我都在心底對圓紅的太陽、風中的樹木、唱歌的小鳥，乃至所有見到的一切生靈（在我的心中，萬物有靈）致以最誠摯的問候，並且滿懷欣悅、感恩的謙卑。我常常帶著這樣的心情開始一天的工作，閱讀和寫作。

在我讀過的作品中，但凡體現了純淨、光明、溫暖的吟唱自然之作，都是我讚賞和推崇的。像瑞典的詩人卡爾費爾德，他在詩中寫道：

風從西邊吹來
它給所有的灌木叢
帶來了春天。

同樣，偉大的天才詩人布萊克在他的《牧人之歌》中亦唱過：

歡迎，陌生人，歡迎你來到這裡
這兒每根樹枝上都棲息著歡愉
蒼白從每一張臉上倉惶飛走
不是我們種的，我們不收。

卡爾費爾德的詩令人深覺大自然的神秘與美好。而布萊克的歌聲則在警示正大步邁向現代文明的人們不僅不能遠離和忘記自然，「在背離自然，追求繁榮的路上，要想想自己的來歷和出世的故鄉。」（葦岸，《放蜂人》），更要時刻保持一顆最原始、最簡潔、最樸厚的道德良心。

寶貴的童心

為了表達我對自然的熱愛和因女兒出生給我帶來的由衷喜悅，我給女兒取名昕然。在我的心裡，這個名字不僅蘊含了一個父親的深情：希望自己的孩子在未來的人生歲月中擁有樂觀、樸素、沖和、坦蕩的品質，更重要的是期待她的心靈永遠貼近我們賴以生存的自然。

昕然已經四歲了，就像一朵小花在父母的慈愛目光中健康而美麗地成長。女兒昕然，今年有兩件事情令她的父親內心充滿幸福。一是她把春天剛剛長出來的青草當作豐筵餵給了家中的母雞，並囑咐她的媽媽多採些，因為她發現母雞吃草比吃糧食更高興。二是她在院子裡玩耍，只要看到鳥兒在天空飛過或聽到鳥兒在樹上的叫聲，就會興奮地用她稚嫩的童音大聲說：「小鳥，小鳥，你是我的朋友，我不會打你。」

作於二〇〇〇年

黃榆

距我居住的小鎮十五華里處，有一片憨樸、韌性的黃榆與四周的農田毗鄰共存。

幾場冷冽的春風過後，黃榆樹在吐出橢圓形葉子之前先吐出了形似古代小錢的榆莢（在我的故鄉，人們形象地把它稱作榆錢）。聯綴成串的榆莢在陽光下閃閃爍爍，慢慢地由綠而黃，在辛勞農民的饑饉年代，以自己微弱的力量幫助人們度過災荒。關於榆莢，早在北周，詩人庾信在其〈燕歌行〉中就寫道：「桃花顏色好如馬，榆莢新開巧似錢。」我猜想，詩人在逼真地繪出榆莢普通而平凡的外表之時，或許也發現了榆莢和桃花相比，對民間更富實用的魅力。

到了夏天，每一株黃榆都以自己深褐色的軀體支撐起一片綠色的天空。在田間勞作的手腳粗大的農民，偶爾會在黃榆樹如蓋的濃蔭下稍作歇息。或抽一支旱煙，或和另一棵樹下的人大聲談吐幾句。

「山有樞，隰有榆。」每當我看到這厚墩墩的黃榆，心中總會不自禁地無比明亮起來。黃榆就像生活在我周圍的鄉親，以自己寬闊、平實的心胸，沉穩、堅實的勞作為這個世界增添著純淨和溫暖。

鄰居

我的鄰居，是一個曾有五年軍旅生涯的退伍兵。三十多歲的他，並未因經商而喪失鄉村人固有的勤勉、踏實、心地善良、樂於助人的純樸品質。正因如此，我和他成了很好的朋友。

如果主能在冥冥之中施捨給孤獨的地球居民以最好的禮物，我認為便是賜給人一個好鄰居。雖然我的鄰居不能真正體察到我內心因閱讀和寫作產生的痛苦和歡愉，但當我在生活中遇到煩惱和困難，他就會全力以赴地對我進行勸慰和幫助。

每每此時，我都無限地滿懷感激，不僅僅是因為鄰居的具體行動，更因為這個世界依然保存著「遠親不如近鄰」的人的最初的心靈。

冬日的早晨

在冬天，如果起得早，我就會以輕鬆的步子踱進離家約有一百米的小樹林。在林子裡靜靜地感受大自然的細微變化，從而在內心獲得無法表述的快樂。

樹葉在慢慢脫落，先落地的葉子已由黃變得灰黑，後落的和在樹上的葉子還在努力地保持澄黃或蠟黃。在太陽出來之前，薄薄的冬霧穿梭林間，像被小風吹動的炊煙一樣，給裸露的枝幹纏上了若隱若現的絹紗，而樹上的葉子反倒成了點綴的飾物。在這樣的林中，一個人什麼也不想，只是用心地傾聽腳下的足音在林中迴響，傾聽稀疏的鳥叫和遙遙的村中傳來的雞鳴與狗吠，這一切的一切，都是在大自然的懷抱裡。所有的聲音，連同我自己，都是大自然的一部分，不可須臾分離。如果分開，我就會像失去靈魂一樣成為一個無家的浪子。

生命之詩

梭羅曾說：「一首真正的詩，與其說以巧妙的措詞或任何它所暗示的思想著稱，不如說歸功於環繞它的氣氛。」我把這句話，視為圭臬。

一個人居於鄉間，滿眼是活潑潑的生命：迎風破土的幼苗，次第開放的野花和青草，屋前散步的小雞，頭頂低飛的鴿子。我深為自己能生活其中感到由衷的幸福。在如此安寧的環境中，一個人沒有理由不熱愛生命，也沒有理由不用心靈來歌唱生命，讚美生命。

現代化的進程，已把人們引入一個灰色的數位化生存的世界。在我的頭腦裡，眼下的詩人可大致分為兩類：一是都市的工業化背景下的詩人，他們筆下抒寫的詩句是理性的，技巧的，是對生存處境的焦慮的質問和痙攣的呼喊；一是鄉村的農業化背景下的詩人，他們筆下流淌的每一行詩都是感性的，無拘的，是對美好生命的平和而樸素的敘述與描繪。如果說前者是對生活的拷問，那麼後者則是對生命本身的吟頌。就像這個夜裡，我能夠寫出如下的句子：在春天，有什麼能讓我／在幽暗的深夜獨守燈光／為一場春雨的降臨／而怦然心碎。

二〇〇一年六月一日

黑夜

在北方鄉村，黑夜總是突然而至。短暫的黃昏總是被降落的黑夜瞬間淹沒。在次第開放的燈光的映照下，高大的楊柳在風中投下它們黑色的長影。高遠的天空一派遼遠深邃。

面對黑夜，我總是不自禁地倍覺個體生命的渺小。所謂如雲煙般的名利和如刀子般的挫折都是那樣的不值一提，唯有內心的幸福才掌握在我們的手中。也正因如此，我們脆弱的生命才顯得如此美麗和讓人倍加珍惜。即使我們要面對人生的諸多黑夜，也不要感到恐懼。因為在如白駒過隙的時光的河流上，我們是光明磊落的人，我們在光明正大地度過自己的一生。

二〇〇一年六月十四日

種豆

因為生活的需要，也為了使自己始終保持農民兒子的本色，和溫厚持重的大地保持綿綿不絕的血緣關係，我在岳父的幫助下，在距離居住地約八華里的山上種了十畝綠豆。

我生活的北方，春季乾旱是常見的。而今年尤為嚴重。節氣過了芒種，才下了三指雨，雖未徹底解除旱情，但已十分珍貴。所有種地的人都趁著這遲來的盼望已久的雨耕種自己的農田。我亦不例外。

時令已到夏天，天亮得很早。早晨四點，我們便出發了。這時太陽還沒有出來，一切都那麼靜，一切都浸潤在潮濕的帶著泥土芳香的空氣中。即使迎日而歌的麻雀和不知名的山鳥也沒有發出雜亂無章但讓人感到親切的鳴叫。只有遠處四輪拖拉機的響聲和我們乘坐的馬車的蹄聲。雨，給了我一年中最初的田間勞動，也給了我一年中最美好的期望。

我種地的方式，依然保持著農事這一古老而神聖的藝術的最初形式：先由馬犁耥開原壟，後面跟著播種的和施肥的。在耥開的壟播種完畢，再由馬犁把壟合上。我的姿勢都是從容的，隨意的。大步撒種的農夫的快樂不僅僅是秋天的收穫，更重要的是心靈與大地的共鳴和對話。翻開的泥土是那樣的讓人心怡神蕩；順手灑出的種子在下落的過程中產生的小小弧線是那樣的讓人舒服沉迷。過不了多少時日，這裡將是一派盎然的生機，黃土將被層層的綠葉覆蓋，由於肥料和雨露的幫助，綠豆的葉子也是寬大而結實的。我也將隨著它們的生長付出更加扎實的勞動。但這是令人愉快的，幸福的，即使感到疲憊也無關緊要。種豆給我帶來了生活的信心，帶來了生命的沉思，賦予我創作的靈感。種豆，給我的收穫遠遠超過了它的本身。

二〇〇一年六月二十二日

生命的長度

一天，年僅四歲的女兒忽然問我：「爸爸，一百歲有多長？」面對女兒花一樣稚嫩的小臉，我竟不知該怎樣回答她。

是啊，一百歲有多長？一生又有多長？作為大自然中的精靈，每個人終將面對這令人無奈又不得不面對的問題。因為無論生命活到多久，終將有走到盡頭的那一刻。這既讓人痛苦，也讓人對生存的每一秒都倍加珍惜。

生命是寶貴的。如果把個體生命比作一條線段，那麼人生的每一天就是其中的一點。既然這條線段上的點終有數盡的時候，我們就應使每一個點都亮起來，為自己的人生旅程點燃一盞盞前進中的明亮的燈。當我們點燃最後一盞燈時，回望來路，我們將不僅為親手點燃生命中的燈而感到欣慰。

二〇〇一年六月二十二日

寫完就扔的便條

便條 1

在火車上，我遇到一個貌美的姑娘，她迷茫的眼神讓我心動，但這與一場豔遇無關。

便條 2

我閱讀，意味著我存在，但不意味著我的思想被沉陷的閱讀所左右。

便條 3

一個孩子在夏天的空地呼喊，他呼喊的聲音，多像黎明時分的露水啊，轉瞬間被太陽吸乾。

便條 4

黄昏是悽楚的，在一個異鄉人徒步行走的路上；黄昏是悽楚的，像一張空蕩蕩的沒有婦人的大床。

便條 5

天氣是熱的，渴望雨。心是熱的，渴望愛。我寫下的這行文字是熱的，它渴望冰鎮的啤酒。

便條 6

一個人是分裂的。在白天，他公務在身，滿嘴官文；在夜晚，他默誦先鋒詩歌，並寫下：黑暗打在心上，夢有些抽搐。

便條 7

還能愛嗎？她問。還有力量愛嗎！？他說。
彷彿是一部電影的片斷，但又如此真實。

便條 8

丟掉草稿，丟掉記憶，丟掉人生的一半，丟掉一切可能丟掉的東西，我的靈魂就變輕了。

便條 9

喝了半杯水，然後痛哭；
喝了一瓶酒，然後死去。

便條 10

喜歡童彤的歌，憂傷但不決絕；
喜歡童彤的聲音，綿遠而富有雌性；
喜歡童彤的人嗎，不知道。

便條 11

轉眼間，暴雨就填滿了黑夜，填滿了懷鄉病患者憂傷的衣襟。

便條 12

整整一天，一個孩子都在為一顆得不到的糖果哭泣。
整整一生，一些人都在為活著而終將死去焦慮不安。

便條 13

年輕時不放浪是可恥的。
年輕時不寫詩是可恥的。
年輕時不眺望遠方是可恥的。

便條 14

燈火帶來黑暗，一如名聲帶來說不盡的狼藉。

便條 15

董橋說：中年是下午茶。
我剛近中年，卻聞到晾了一下午的茶，有些餿味。

便條 16

接連幾天的伏雨，讓久旱的禾苗張開笑臉，卻不能使一個因沉思過度的人醒悟過來。

便條 17

一個人的電話鈴聲驟響，但他因出神而沒接。
這是不是意味著他有了片刻的死亡？

便條 18

苦難連續打出右勾拳，向早已一身苦難的詩人的左臉。
而詩人，遞向苦難的右臉是看不見的。

便條 19

在育才路以北，總有莫名其妙的賣菜聲灌入耳朵。
在這北方的小鎮，總有莫名其妙的人群在眼前晃動。

便條 20

頭痛。因為窗外的天還是陰的。
心痛。因為內心的黑暗還看不見光明。

便條 21

雨一直下著，時驟時緩；
便條一直寫著，時斷時續。

便條 22

在路上，遇見一位拾荒老人不側目的人，心靈是骯髒的。

便條 23

有些詩歌可以戲仿，而詩人的心靈卻難以複製。

便條24

當我倆相遇，你正年輕貌美；
當我陷入回憶，你是否和我一樣，白髮蒼然？

便條25

讓倦怠的翅膀稍作停歇吧，
讓久違的鳥在森林的微風中重新歌唱吧。

便條26

在夜晚，我夢見的財寶越少越好。

便條27

在東北平原，有一陣暖風吹往西天；
在彈丸小鎮，有一場疾雨飛向疲憊的襟抱。

便條28

我愛你。我——愛——你。
這句帶血的話說給誰呢？

便條29

生活啊，這惱人的泥淖。

便條 30

到此結束。

而我還要半睜著眼睛。

便條 31

說了到此結束，而又轉身回來，因為不想徹底半睜著眼睛，徹底丟掉心靈的鑰匙。

便條 32

鮑爾吉・原野有本書，名字叫《銀說話》。瞧，銀都說話了，而人常常沉默，沉默的大多數。

便條 33

想起一些事，就想起北島的詩：「生活多美好，烏鴉紛紛揚揚。」

便條 34

渴望遠遊，就像蒲公英渴望飛翔；

渴望飛翔，就像白雲渴望降落；

渴望降落……再說下去，我真的有點兒渴了。

便條 35

樹葉一落，冬天就來了；

一陷入回憶，我就老了。

便條 36

有點兒恍惚，像風一樣的睡眠；
有點兒出神，像雨中的紅馬遇見鮮花。

便條 37

歌唱吧，如果心中還有夢；
痛哭吧，如果頭頂還有星光。

便條 38

我要忍受，在佈滿雷聲的夜晚；
我要顫抖，在開滿鮮花的春天。

便條 39

要大智而不要小智，
要若愚而不要真愚。
說完這句話，我是多麼淺薄啊。

便條 40

天晴了又陰，便條寫完了又扔。
如此往復，填充並安慰這段空虛的人生。

便條 41

讀了余杰，又讀了錢理群。

忽然感到，所謂「北大精神」，除了其來有自的自省、進取和追求自由之外，彷彿還有隱在幕後眾多的「激動的舌頭」。

便條 42

只要內心的火焰不滅，我就真正的活著。

便條 43

所謂詩一樣的生活，就是讓自己周圍的事物始終閃閃發光。

便條 44

我要斬斷，這生活的鐐銬。

便條 45

寫詩是生活，買藥療疾是生活，忍受平庸也是生活。
生活啊，這放縱的貞女，或從良的蕩婦。

便條 46

我的心沒死。
真是奇蹟，我的心竟然還沒死。

便條 47

周國平：只有一個人生。
我：只有一個夢想。

便條 48

彷彿是個悖論：我的內心充滿激蕩不息的火焰，而不斷的讀書竟是用來使這火焰壓得更低，使其冷卻到冰點。

便條 49

渴望乘火車，渴望隆隆的車輪聲中伸向的未知遠方。

便條 50

當火車穿過數不清的村落和數不盡的萬家燈火，我忽然想哭，忽然感到無限的孤獨。

便條 51

夏天的黃昏是澄澈的，在一場疾雨過後，黃昏的天空澄澈得讓我暈眩和窒息。

便條 52

我常常在深夜驚醒，發現自己一臉淚水，因為我又夢見自己成了一個沒有童年的人。

便條 53

我反覆沖洗自己的手指，就像反覆沖洗無邊舊夢和內心的暗疾。

便條 54

酒闌燈灺是孤寂，曲終人散也是孤寂。我總是在長長的夜讀中，陷入難以言表的孤寂中。

便條 55

喧囂的人群是聒噪的，群飛的亂鴉是聒噪的。
在聒噪聲中睡去吧，而夢也是聒噪的。

便條 56

我能忍受一個詩人的胡說八道，但不能忍受他的故弄玄虛。

便條 57

在暗夜，我總是無法洗淨自己的雙手。

便條 58

雪落下來，我的血是熱的。
天黑下來，我的心變得冰冷。

便條 59

總有些焦慮，總有些內心的打鬥如激蕩不息的潮水需要用寫作來平息。

便條 60

我憤怒，因為生命中總有一些寶貴的東西像水一樣流失。我痛苦，因為生命中總有一些骯髒的雜質讓流水泥沙俱下。

生命的歌者

一

在塵土之上，我已等待多年：這最後一顆花朵和最後一滴寒露，搖曳於大地之中擁有孤獨、忍讓和痛苦，展示呈現曠遠深邃的天空。在時間的白馬之背，她們，唯有她們，明晰煙雲的意蘊，洞悉我們的虛無之根和愛的流程。

二

湖泊飽含著一種恬靜、安詳的美，她是水中的淑女。以其靜穆的虛懷接納朝拜的人子；以其淳厚的心胸撫慰每一個攜帶傷口的羔羊。她是上帝的女兒，大地的妻子。

三

白羊是上帝之子，在鄉下的原野，置身於羊群之中。

在北風的吹拂下，我變成了一隻羊，也是上帝之子。

四

西班牙人達利曾說：「不要擔心完美，你永遠無法達到它。」

也正因為如此，除了窮盡畢生去追求完美，我們別無選擇，也由此，我們有限的生命豐富起來。

五

「世人啊，我很美，像石頭的夢一樣。」波德賴爾在逆境中發出痛苦的呼喊，這呼喊，攜帶著詩人胸腔的憤懣和孤獨；這呼喊，穿越重重迷霧使我顫抖和興奮。

世人啊，我也很美，在我無聲注視的時候，我在內心說。

六

在孤獨的時候，我渴望有人在我的身旁出現。但當他或她一旦出現在我的眼前，我頓時感到自己陷入更大更深的孤獨之中。

七

當落葉飄零的秋天之神蒞臨人間，我望著哀傷鋪滿的大地，心中說：「神啊，我也在飄零中。」

八

長夜漫漫，那唯一令我堅強並落淚的，是無限曠宇中永不淹滅的火，詩的烈焰。

詩邊札記

1. 在北方的冬天，大霧迷漫的日子，一盞燈出現了，一個身影隨而消失。
2. 當我在蒼白的日光燈下寫下；愛並且死。這是否是奧登的靈魂復活？
3. 在秋天的田野，我看到覓食的麻雀在地上跳躍。
   我們的生命也是跳躍的。
4. 寫作，就是在無盡的黑暗之中慢慢撥亮心燈。
5. 「寫詩就是去接受尺度」(海德格爾)，而寫詩的過程就是去進行生命的自我批判，就是使自己頭頂的天空趨向本真的蔚藍。
6. 夜晚讓孤獨的寫作恐懼，這恐懼來自內心的清醒和法則的殘酷。
7. 當我在寫作和閱讀中又一次戰勝死亡，我是一個幸福的人，一個全新的人。我的生命之弓依然充滿韌性。
8. 多麼讓人心怡的詞：完美。雖然我無法達到它，但它給了我努力的勇氣、希望和方向。
9. 在痛苦之後，就讓無邊而久遠的風在我們的額際書寫無名。
10. 一首完美的詩，它是素樸的，由外而內，它的魅力在於使心靈的荒原忽然長出一片綠色。
11. 我在鄉村的土路停駐不前，是因為遇見了落葉間的喜鵲。黑白翻飛，我彷彿遇見了丟失多年的沉默的嗓子。

12. 在落雪的河畔，凝望北風怒吼是幸福的。即使此刻懷裡堆滿了痛苦，這痛苦也飽含了無限的瘋狂的激情。這激情，比一杯烈酒，一首火焰之詩更使我沉醉。
13. 索德格朗：「我是秋天最後的花朵。」每當我讀到這句詩，就會全身顫慄，血液激湧。我總是隨著她在內心詠出：「我是這世界上最後一行詩。」
14. 海子詩章：「擊鼓之後，我們把在黑暗中跳舞的心臟叫做月亮。」它告訴我，在寫作的道路上，要有自己內心的月亮。
15. 羅丹，在自己長期的苦役般的藝術創作中，說出了這樣一句接近真理的話：「必須從自己的藝術中發現幸福。」
16. 愛倫堡在《人・歲月・生活》一書中，在回憶詩人茨維塔耶娃的文末寫道：「古往今來的詩人哪一個不是黑人？」這句話讓我陷入一種對自身命運的沉思，而唏噓不已。這讓我想起中國詩人食指的另一句接近真理的詩：「詩人的命運吉凶難卜」。
17. 詩人虔誠地歌唱自然，是因為他懂得自己本是自然的孩子。
18. 沒有什麼力量能使我與土地作片刻的疏離，離開土地，我的靈魂彷彿是空中遊蕩的一張紙。
19. 要歌唱生，不要歌唱死。
    要對生充滿敬意，不要為死而迷失。
20. 「寫作中開始的雪」（王家新），而我的寫作，是從風開始的，來自自然的風以水流的方式撫慰我，一顆曾脫離她懷抱的心以歌唱來彌補創傷。
21. 我不喜歡高度，但我熱愛超越。當一個更頑強的我戰勝舊我，我認為超越比任何言詞都有力量。
22. 不要書寫神話，而要書寫生存的自然。
23. 我崇尚接近自然的詩，也崇尚原始而純樸的心靈之詩。前者有瑞典詩人卡爾費爾德，他寫過：

風從西邊吹來
它給所有的灌木叢
帶來春天。

後者則非偉大的布萊克莫屬，他在《牧人之歌》中寫道：

歡迎，陌生人，歡迎你來到這裡
這兒每根樹枝上都棲息著歡愉
蒼白從每一張臉上飛走
不是我們種的，我們不收。

卡爾費爾德的詩讓我們時時不忘記和大自然親近；布萊克的詩則在警示我們在物慾橫流的年代保持一顆超脫，純淨，道德的良心。

24. 詩，質言之，是心靈。它的形式是其次。就像絕代的美女，她的服飾是次要的。我們需要的是水，而不是水中的影子。我們歌唱的是道路，而不是腳印。梭羅說得多好啊：「我是無論坐在哪裡，哪裡的風景都能相應地為我發光。」這就是詩。

25. 我所熱衷的生活：勞動和寫作。現在，我過著這種平靜自然的日子。我在田地裡勞動，是為了使自己不致於完全成為一個社會寄生者。「當我回身再耕種的時候，我就充滿了不可言喻的自信，平靜地懷抱著對未來的希望。」（梭羅）我在陽光或燈下讀書、寫作，是為了提高生命的質量，使自己不致於成為一個盲目者。因為，「創造賦予生命的意義是真實的，因而它對生命的苦惱的戰勝也是真實的。」（周國平）

26. 黑格爾說：「一個沒有形而上的民族就像一座沒有祭壇的神廟。」如果小而言之，一個人的靈魂也必須有一座神廟，那麼，這被風吹得透明潔淨的鄉村，這被雪洗得清新閃亮的詩行，便是我的聖潔的祭壇。鄉村和詩，是我的靈魂的棲息之所和生命王國。

27. 「風景何其遙遠！」我在里爾克的歎息聲中，彷彿聽到靈魂的另一個聲音：「生命何其短暫！」漫漫長路，即使窮盡畢生也不能抵達真正的終點。但聊以慰藉平生的就是我們在旅途中沒有使自己的心靈與風景稍離片刻。

28. 要說些什麼呢？在這北方的黎明。是一夜深深的孤獨，還是一片春天之葉尖銳地驚醒清晨的露珠？當我迎著第一縷陽光輕輕合上幸福的書卷，有一群鴿子，在這小鎮邊緣的樹林之上掠過，因為欣喜，它們吐出美好的哨音。

29. 一直以來，我為自己的作品無人欣賞而苦惱。但當我讀到里爾克說過的這句話頓感釋然。他說：「藝術上的作品是無限孤獨的。因為，只靠批評是無法達到藝術的境界的。」

30. 盧梭，以其著名的《懺悔錄》而流傳於世。一個天才，一個對人們充滿柔情蜜意的，品德高尚的恨世者。他這樣評價自己：「我堅信，人們將總歸會看到一個正直的，善良的，無怨無恨，與世無爭的人。一個勇於承認自己錯誤，而且更容易忘記別人過錯的人。」因為這些品質，我喜歡上了這位法國作家。

一九九七年至二〇〇〇年

冬夜讀書

從兒時起，我就喜歡冬天。因為在無限苦寒的冬天夜裡，我可以傍著泥築的火爐，捧著一卷大書或小冊「陶然忘機」。這其中不僅有古人「綠蟻新醅酒，紅泥小火爐」的恬適意境，更有「雪夜閉門讀閒書」的曠達體味。轉載飄蓬，已屆而立，許多童年、少年時的心性、稚趣早已「灰飛煙滅」了，唯這寒夜讀書的癖習始終未改，且興致愈發濃醇了。

你可以想見，在塞外朔朔北風的肆虐下，在漫天飄飛的大雪中，一座鄉下的略顯古舊的屋內：一盞燈，一簇跳躍不息的爐火；一卷書，一個書生瘦削的身影和他專注的沉醉眼神……這是多麼孤單而富於懷舊的場景啊！多少年來，我生命的黑夜就是如此泅過，我沉寂的心懷就是如此打磨。「非人磨墨墨磨人」，我常常在柯靈的一聲歎息中頓悟世事無論如何變幻，人生皆在每個人的嗜好中如雪泥鴻爪，深深印過，之後又了無蹤跡。我的唯一的願望便是在這「墨磨人」的境況中，一日日地磨光歲月，一天天磨淨簡單樸茂的靈魂，從黑髮至白首，磨得人生鉛華洗盡，磨得人生如風載歌行。

近幾年來，隨著情懷的日益趨於平淡、沖和，志趣的回歸潔簡、自然，冬夜的讀書也愈發地顯得抖落風塵、明目洗心。我愈來愈喜「青菜豆腐」式的清淡之品，開始厭棄私隱秘聞、亂神怪力的糙食零碎，如蒙田所說之「文殛」，如「賈雨村言」之烏有辭，亂人情操，損人心性。真正的體察人性、與自然渾然一氣的佳構，永是讀書人超拔氣韻的目標與指南，一如冬夜窗前的瑩瑩白雪，映得人思想通體剔透，甚至可以聽到純銀般的脆響。

「布衣暖，菜根香，詩書滋味長。」生如草芥如我，在茫茫俗世裡宛若一粒一陣小風即可吹動的塵埃，在白日裡為稻粱謀奔波勞頓過後，拭去臉上可憎的灰塵，伴著搖曳的爐火，能「手握詩書心頓寬」，實乃此生電光石火中的一大幸事。是這寒夜中的讀書，使我有了慰藉旅程的拄杖與綠地；是這寒夜中的讀書，使我消退了追名逐利、掙扎、諂媚之念；亦是這寒夜中的讀書，使我「復歸於嬰兒」，在硝煙狂捲的人間保有踏實、穩健、純正、善良的道德之心。

浮生半世有書香

再過幾天，我的人生旅程將抵達三十歲的驛站。古人云：「三十而立。」回首我這三十歲的生活，於家庭仍是勞碌奔波，於工作依舊平平淡淡，唯一略感慰藉的是在寂寞貧寒的歲月中，在鄉野孤獨的行腳裡，總有書卷在手，書香暖心。

在孩童時代，一顆蒙昧的靈魂剛剛開啟，便在母親的影響下享受古典與現代文學的照耀。母親雖是一位普通的農婦，但對古典小說、演義情有獨鍾，對現代文學如蕭紅的著作亦有涉獵。直到如今，我仍對母親的行為感佩不已。至今仍能憶起在昏暗的油燈下，母親讀書、並為我們說書的情景。在我幼稚的心靈和眼界裡，讀書是多麼值得一生追求的幸福啊！即在那時，我便在母親和兄長的助讀下，閱讀了諸如《西遊記》、《紅樓夢》、《三言二拍》、《生死場》等卷冊，雖是一知半解，但興味愈濃。現在想來，這童年的興趣走向，無疑是我日後讀書人生的奠基與洗禮。在此後的時光中，我能踏上追尋人類漫漫文明之路，家庭的薰染功不可沒。

一九九〇年，我考入師範學校後，開始了真正的讀書生涯。這時的我，青春年少，對文化的渴求猶如海綿吸水。無論平靜、歡樂，抑或彷徨、痛苦，只要一頭扎進書籍的濃香裡，我便無視一切，寵辱皆忘，成敗不驚。在這一時期，我閱讀了蘭波、托爾斯泰、紀伯倫、波特賴爾、海子、西川、駱一禾等人的作品。他們迥異的風格讓我如沐春風，他們純正的品質讓我無限追懷。在這個過程中，我愈來愈感到海德格爾的偉大，因為他說了這樣一句金子般的話：「語言是存在的屋宇。」在這個過程中，我發現自己因為讀書，成了一個有頭腦的人；因為讀書，成了一個生命、生活的「觀察者」。其碼，在讀書的時候，我想我是一個與眾不同的人。

畢業返回鄉村。鄉野是闊大的，也是虛空的。在鄉下生活，你必須忍受最深的孤寂與無名。在教書與勞動之餘，我依然保持著讀書的癖好，每晚讀書至深夜。我越來越熱愛深夜孤燈這種讀書境界。是書籍，使我從蕪雜的俗世中抽出身來，把靈魂交給自己，把內心的波動交給紙頁；是書籍，讓我在清澈林梢懸掛的陽光或月色下，抬起卑微而高貴的頭顱。隨著時間的推移，我的視域更加開闊，我反覆誦讀屠格涅夫的《白淨草原》、梭羅的《瓦爾登湖》、德富蘆花的《自然與人生》、普里什文的《林中水滴》、荷爾德林的《致故鄉》、葦岸的《太陽升起以後》，是這些乾淨的靈魂與文字，使我身心通透，使我對平凡的一生充滿喜悅、沖和的信心。

十幾年來，我因耽於讀書，不諳世務，一直過著簡單而清貧的生活，但是梭羅說得多好啊：「讓我過那真正富有的貧困生活吧。」在讀書這條道路上，我將盡一切努力，即使平凡，但就其單純的意義上來說，我一點也不藐視它，我熱愛它，因為一個藐視書籍的人，他將不可能超越自己，不可能使自己在滾滾紅塵中得以洗心。

白城購書小記

我在新的一年裡奔赴白城，本意是去看胃疾的，因近半年以降，我的胃部總是燒灼般的疼痛，有時竟令我半夜驚醒。在親友的一再敦促下，才迫不得已出這趟不算近的遠門。

踏上旅途的前夜，東北普降了一場雪。這適時而落的雪為我的行腳增添了無限的趣味和浪漫的遐想。這雪，令我在車窗內憶起詩人艾青的句子：「雪落在中國的土地上。」

白城這座小城，和我八年前因求職的初訪，業已發生了巨大的變化，原本又髒又舊的老火車站消失得無影無蹤，取而替之的是一座拔地而起的嶄新氣派的大樓。街面更加寬闊：拉麵，燒烤，時裝店，美容院，桑拿間，鱗次櫛比的高樓相互較勁又相互呼應。這座記憶中的草原小城正以令人驚異和矚目的速度朝著現代文明闊步前進。唯一讓我辨得舊蹤的是那座略感淪落風塵的鶴塔，新建的人文景觀使她「年老色衰」，乃至「門前冷落鞍馬稀」。

當晚在清友艾蒿處小宿。艾蒿是我多年的友人，既同鄉，又是我在師範讀書時的師長。年長我七歲。十餘年的交往使我們感情深厚。我能來白城，他非常高興。在家中幾碟淡雅的小菜與我小酌。飯後在他的書房閒坐閒聊。興致濃時，艾蒿贈我幾冊書，讓我在痛享友情的寶貴之時又沐浴書香的芬芳。這幾冊書是：陳聖生著《現代詩學》，社會科學文獻出版社一九九八年九月版；《卡夫卡精品集》，作家一九九七年二月版；《當代歐美詩選》，王家新、沈睿編，春風文藝一九八九年七月第一版；《密茨凱維支詩選》，人民文學一九八〇年一月版；托爾斯泰《天國在你們心中》，三聯一九八八年三月版。這五本書，均令我愛不釋手，尤其值得一提的是，王家新是當代較有代表性的詩人之一，我和他曾互通魚雁一封，今得他編選的詩集，我更視這實乃機緣際遇。托爾斯泰的大著則得一本是一本。而《密茨凱維支詩選》更是上品，因書出得早，定價僅九角八分。

次日，艾蒿說先陪我去看病，而我臨時改變了主意，我說我們先到書店吧。我們乘十號公汽先到了郵政書店，店面整潔，店員禮貌有加，但書價均不打折，店內所列書目皆正版，價頗昂，我選了一本柯靈散文，一本《周國平散文》，一本屠格涅夫的《獵人筆記》；古籍四本：老子《道德經》、洪應明《菜根譚》、王永彬《圍爐夜話》、陳繼儒《小窗幽記》。隨後我們又到市里最大的圖書中心，三層樓的店顯得十分奢華。徜徉了近兩個小時，店內圖書駁雜相陳，能寓目的較少，在特價的一樓右側櫃內選了三本小書，一冊李書磊《重讀古典》，河北人民一九九七年八月版，為「午夜散文隨筆書系」之一種。一冊伍立楊著《風雨歎世錄》，四川人民一九九七年十二月版，為「夜光杯中青年文叢」之一種。另一冊為安徽文藝一九九七年十二月版的《現代詩體小說精品》，內收柔石的《二月》，沈從文的《邊城》，蕭紅的《呼蘭河傳》。三本小書，三份恬淡的閱讀欣喜。

下午去老友遠志處（遠志亦為吾之同鄉，專業為音樂，卻喜讀美學，哲學，藏書亦以此類居多）。他正準備搬家，遂幫他捆綁藏書，得其贈一本陳超著《中國探索詩鑑賞辭典》，河北人民一九八九年八月版。陳超乃當代詩評家，這本書既有原詩，又有評介，有收藏品位。歇息時，遠志陪我去附近的私營三毛書店。在這裡我購得汪劍釗譯《俄羅斯白銀時代詩選》，雲南人民一九九八年三月版。在這家小店，我驚喜地發現三本尋覓已久的書話，即鄭振鐸《西諦書話》，唐弢《晦庵書話》，陳原《書林漫步》，三本書為一套，皆為三聯一九九八年五月版。其中陳原的《書林漫步》為早期專著《書林漫步》《書林漫步續編》之合訂本，作者在卷首提醒讀者別買重了，樸拙真摯之心讓人感懷。這三本書裝幀潔簡，統一，從外表至內裡皆為怡情養性、開闊視野之作。遠志領我去的另一處書店是新華書店的一個門市部，去買余中先譯的《奈瓦爾詩選》，卻已售罄，想來購書也是一種緣份。倒是發現一套十本的法布林《昆蟲記》，定價一百三十八元，因囊中所剩無幾，遂歎歎而罷。

白城是一個日益繁榮的小城，在浮躁的紅塵中，它懷中的書店書肆如同前文中的鶴塔，問津者寥寥可數，但我能在其中撿得胸中所愛，亦要感謝在我離去的目光中越來越遠的它的身影。

後記：二〇〇二年一月十一日自白城返回家中小記，一邊用小錘砸榛子吃，一邊想起這次購書花去看病之資，不免油然升起塵事之不易的念頭。

呼和浩特訪書小記

呼和浩特，一座青色的城，因環倚大青山而得名，地處海拔千米的蒙古高原，卻是因草原享譽四方的內蒙古自治區首府。二〇〇二年七月，在與清友阿泉聯繫後，我孤雁遠行，向這座夢寐已久的城市進發。經過一天兩夜的漫長之旅，經過了數不清的山脈、深澗、溪流、隧道，在烈日炎炎的正午，我終於抵達呼市，出站臺時，阿泉君早已出站口候我，滿臉灑著高原的陽光與書生的赤誠。

呼和浩特的夏天，真是別有一番滋味。下午的陽光灼人肌膚，早晚則涼爽幾近早秋。這是一座在現代文明進程中尚顯遲緩的城市，她的脈搏依然帶著「風吹草低」的原始風韻，她的節奏依然持有草原長調的舒遠綿長。她古舊而底蘊十足的軀體裡散發出來的，彷彿仍是奶茶、乳酪的粗野與豪邁。

供職於自治區電視臺的阿泉君，在繁忙工作的間隙，陪我在城內閒逛了幾處景致。在將軍衙署，在昭君出塞的和親門，在自治區博物館，在市中心廣場，泉君為我拍下許多值得紀念的照片。

正如旅行給人帶來豐富的人生閱歷，讀書更令人開闊視野。我這次遠行，購書和訪友同樣重要。呼市的書店，我先領略的，是首府的新華書店。和我所見過的大書店一樣，店面大，包羅甚廣，但契吾心者寥寥。尋了半日，只在「三聯書店」專櫃中選了奧地利精神醫學家、維也納精神治療法第三學派代表人物維克多・弗蘭克著的《活出意義來》。這本小書，已故散文作家葦岸生前曾以書簡的形式談論過。在呼市著名的文化商城中，我和阿泉君在一家古舊書店各盡所嗜，狠淘了一番。在此，我購得的書有：湖南人民一九八六年七月版的《歐文見聞錄》、帕烏斯托夫斯基的《面向秋野》，三聯一九九六年六月版谷崎潤一郎的《陰翳禮贊》，人民美術一九七八年五月版的《羅丹藝術論》，花城一九八二年十月版孫犁的《耕堂散文》，作家一九九二年四月版張承志的《綠風土》，上海譯文一九八一年六月版納博科夫的《普寧》，外國文學一九八〇年二月版的《伯爾中短篇小說選》，湖南人民一九八六年一月版伍爾芙的《黑夜與白天》，三聯一九八〇年三月版杜漸的《書海夜航》，上海古籍一九八三年三月版清代艾衲居士的《豆棚閒話》，作家一九九一年二月版米蘭·昆德拉的《玩笑》。另有一冊珍貴的馬堅譯《古蘭經》，硬面精裝，中國社會科學一九八一年四月版。此冊我尋覓多年，青城相遇，實有「偶然間相逢，註定一生難忘」的欣悅。

在阿泉君夫婦的盛待下，我在呼和浩特勾留了三日，胸中不僅充溢著淘書的喜悅，亦充盈著「他鄉故知」的暖意。當我伴著夜色登上返鄉的火車時，回望隱約的青山下，點點燈火中隱約的青色的城市，腦海裡不禁蕩起德德瑪的歌聲：「望不盡連綿的山川，蒙古包像飛落的大雁，勒勒車趕著太陽遊蕩在天邊，敖包美麗的神話守護著草原……」

伴著這歌聲的翅膀，呼和浩特，在我三十歲的心路歷程中，已深深印下她的蹤影。

旅行日記

一九九九年七月二十五日

昨天，我乘坐通往縣城的中巴車抵達通榆。並給黑大春打了傳呼，告訴他我將在今天下午到北京。為了方便，我在火車站旅店小住了半宿，後半夜兩點三十一分我登上了南下的火車。黑夜無邊，只有幾盞路燈明明滅滅，讓人更覺孤獨。就這樣，我開始了一生中第一次的長途旅行。

這趟火車從黑龍江的齊齊哈爾出發，到北京為終點。所以不必換乘。由於這段時間「法輪功」事件鬧得全國沸沸揚揚，官方很是恐慌也很重視，因而在我買票的時候就被詢問去北京的目的。在火車上我又被詢問了三次，有一次乘警還查看的我的旅行包，而我的包裡只有三本詩稿，所以沒有出現什麼問題。隨著火車的運行，天也慢慢地亮起來，路邊的景色也漸次明晰。過了通遼，內蒙的草原已沒有昔日的蒼茫遼遠。沙化、鹼化嚴重損害了綠色海洋的迷人品質。在內蒙與遼寧的交界處，遼河的水勢很大，水從路基下面嘩嘩而過，迫使火車在這一段運行很慢。進入遼寧，天陰得很重，並下著雨。草原漸漸消失了，山逐漸多了起來，莽莽群山到了河北更加雄偉連綿。這就是壯美的燕山山脈。在有些村莊附近，偶爾有成片的果林一閃而過。到了河北境內，天變得晴朗起來，路邊的槐樹由於多日的乾旱已有些發灰。這意味著我已進入了華北，將看到以前從未看過的事物，作為一個年輕人，這次出遊會大大地拓寬我的視域，無論眼界和心靈。

車過山海關，我在車內遠遠望見了長城，它隨著山勢起伏跌宕。看到它，不由得讓我想起了詩人海子。海子就是在山海關附近臥軌而逝的，使中國詩壇痛失了一位天才。

下午五點五十分，車到北京。出了火車站，我便緊張地尋找從未謀面的黑大春。正在我東張西望之時，高大魁梧的大春已在近前叫著我的名字。大春穿著隨便，條形短褲，黑色背心。留著近於光頭的短髮，手裡拎著一隻茶杯。給人的第一感覺就是傳說中的豪邁熱情，一派京都騎士風格。

和大春轉乘地鐵、公汽到了豐臺大春的家中，他的愛人王蘭（大春稱她為「善」的化身）已在家等候，我們稍事休息，大春夫婦為我在附近的酒店接風，特意為我點了北京的名菜烤鴨。而我由於一天的乘車，感到非常疲倦，所以吃得很少。回到大春家中，我們暢談了詩的乃至藝術的一些問題，非常盡興。

一九九九年七月二十六日

早晨四點起來，大春還在睡，我沒有驚動他。在他的書房內流覽了他的藏書，翻閱了有名的民刊《今天》，以及大春的影集。吃過早飯，由王蘭陪我去頤和園。在頤和園內，王蘭為我買了一頂草帽，我戴上它，看上去更像一個鄉下人。

頤和園作為一座皇家園林，風光秀麗，建築莊嚴雄偉。因而在這樣的酷熱天氣裡也是遊人如織。昆明湖寧靜如鏡，水面波瀾不興。十七孔橋橫跨湖面，雪白如練。在園內，我們大約走了兩個小時。在銅牛旁，在蓮池側，在慈禧的行宮，在光緒帝的幽禁處，王蘭為我拍了一些照片。我則在一個小鋪上購了兩塊鎮石。在返回的路上，王蘭和我談起北京近幾年污染嚴重，空氣總是不很新鮮。還談了一些葦岸病重時的情況。說葦岸的肝病和他的素食有關。而素食是葦岸的人生信念，可見精神與肉體往往相悖。

下午休息。黃昏時分我和大春出發，到一家酒店與寧肯會面。寧肯是葦岸的好友，供職在《中國環境報》。寧肯中等身材，人到中年的身體已略顯發胖。他談吐有度，為人隨和，實在。據說辦事嚴謹，細緻，葦岸的喪儀即委託他主持。包括葦岸的作品也交給了他。

飯後我和大春到寧肯家小坐。寧肯家居條件較好，客廳內掛著一幅友人臨摹梵谷的向日葵。書房內有一大張西藏風景畫，使人眼睛一亮。大春和寧肯談論美國的垮掉詩派，而我作為一個末學後輩，只有側身聆聽，汗不敢出。

此外，大春在寧肯家中與詩評家穆童聯繫，並在電話中為穆童朗誦了我的一首詩。大春嗓音渾厚且富於感染力，是個天才的朗誦家，難怪他提倡把詩帶到廣場上去。

直到深夜，我才和大春返回，臨別前，我與寧肯合影留念。

在回來的路上，大春和我特意步行了一段路，各自朗誦了唐詩，並在路邊的露天酒鋪喝了一些啤酒，方才回家。這一天我很是高興，也疲倦得要命。

一九九九年七月二十七日

按照事先的約定，今天我和黑大春同去昌平。去昌平是我這次來北京的一個主要目的，即到葦岸的故居看看，了卻心中的無限遺憾。葦岸生前曾邀我來，而我未來。現在來了，而葦岸已去世多日。昌平，由於為我們的祖國奉獻出了像葦岸、海子這樣優秀的作家和詩人，讓我油然而生敬意。途中路過沙河鎮，大春說大詩人食指因患精神病就寄居在這裡的北京第三福利院。食指，一個以一首〈相信未來〉聞名於世的不幸詩人。

到了昌平，我們與昌平電視臺的王寶卿會合同去葦岸的故居。王寶卿比我小二歲，中國政法大學畢業，熱愛海子作品，他為人厚道，一身山西人的質樸。

在葦岸故居，葦岸的家人接待了我們。葦岸的妹妹馬建秀領我們看了葦岸的影集，生前的攝影作品，還有兩盤錄影帶。另外有一張友人紀念葦岸的文章目錄。

葦岸屋內設計簡潔又富於文化氣息。書房內一排書櫃，書桌對面的牆上掛著托爾斯泰和梭羅的畫像和一幅地圖。書桌左側是一幅書法作品。尤其令人感動的是一張畫盤上的驢子和窗外的胡蜂巢。主人已逝，而他筆下的事物尚存，怎能不令人倍增傷感呢。

晚上，大春返回市里，我和寶卿一起去了一趟中國政法大學，來到海子生前居住的樓前看了看，在這裡，海子寫下了讓人激動的詩篇。

夢柳齋日影

十二月一日　星期五　晴

昨日中午喝了五兩酒，晚上又喝了五兩酒，都是無色的白酒。中午為單位應酬，晚上為朋友招飲，至深夜十一時才回家，有些累，因而沒有寫日記，讀了一點兒書。這幾天參加縣人代會，為工作人員。

郵購了四本書：一為卡繆的《置身於苦難與陽光之間》，另三本皆為伍立楊的隨筆集，《大夢誰覺》、《墨汁寫因緣》、《水月鏡花》，共費六十元。偏貴了一些，主要是郵費，這四本書分三個書店郵購的，單是郵費就花十五元。

買《置身於苦難與陽光之間》為偶然，我原意想買伍立楊的《鐵血黃花》，但這家書店找不到此書，可是我的錢已匯去，店家想退款，我沒讓，就換成了這本書。

最近有個想法，想搜齊伍立楊的書。書也靠緣分，我要順其自然，慢慢會差不多罷。

十二月二日　星期六　晴

幾天來，一直忙亂，自己感覺很疲倦。因為每天除了案牘，還要堅持讀一點兒書。這樣就造成體力的不支，睡眠的不足。下午收到阿泉兄發來手機短信，告知待《草原飛花——走向世界的內蒙古雜技》一書印後即給我寄來一冊，並準備抽時間為我寄來他主持的《頂級探訪》節目組二〇〇六年的檯曆一份，心中非常高興。等待自己郵購的十本書，急切之情如同兩個熱戀中的人盼望早日得以約會。我在內心一直告誡自己要停住二〇〇六年的購書行動。手段有二：一是不再到書店去逛；二是不再到網上書店去逛。以免自己看到好書就忍不住。可是，在讀書的過程中，看到書中介紹的哪本書，正好是自己心儀已久的書，還是渴望能夠買到。哎啊喲，我要說的是：何時安得腰中有錢千萬貫，大買心儀之書讓吾輩窮書生盡開顏！晚，洗澡，所謂「舒服得痛苦」。

十二月三日　星期日　晴

今天上午，我在單位修改了一下單位的案牘，送孩子去輔導班後，又回到單位補填了七份我個人的年度考核登記表。中國的一些體制還不夠完善。單說我個人檔案中的年度考核登記表，竟從一九九五年到二〇〇二年的都沒有！而我自己清楚的記得，自上班後，年度考核表必於每年年終由本人填寫。而現在的結果則是，這些年填寫的考核登記表等於沒填一樣，不僅要一一補填，還要到我工作過的單位一一蓋章。此事到目前還算順利。基本補完。

下午讀書。昨晚到友人孫玉琳家，借閱了兩本書，一為夏樗主編的《品書四絕》，一為吉林文史出版社一九九四年出版的《中國豔歌大觀》。前一本自為良冊，不必細敘。後一本確實是一本有趣的書，這是一本中國民間關於性愛的民歌俚曲的集成，直接材料是明清的民歌集和元、明、清的俚曲。雖名為豔歌大全，我理解名為《中國情歌大觀》更準確。通觀全書，所錄歌謠大部是民間對性愛的讚美、嚮往和毫無顧忌的放聲歌唱，很人性。一如張阿泉先生提倡的讓人爽利的大白話，有民間的大野氣息。且錄一段：

〈忽聞冤家〉

忽聞冤家身有病，一見冤家瘦脫了形。見了奴，還要與奴高高興，年輕人，自己不顧自己命。向你說話，不敢留情，候病好，一夜幾回從你命。候病好，一夜幾回從你命。

十二月四日　星期一　多雲

今天單位的事兒還是比較多，重新改了一下上週六周日加班寫的調研提綱，約有一萬多字，很勞神。

上午收到自己通過孔夫子網上郵購的六本書。

從天津阿秋書店郵購了樓肇明主編的「遊心者筆叢」的三種：樓肇明著《第十三位使徒》，老愚著《蜜蜂的午後》，止庵著《樗下隨筆》。這套叢書共有五本，另外兩本分別是，葦岸著《大地上的事情》，這本書我已於一九九七得到葦岸先生寄贈的簽名本，現在先生已辭世七年整，非常珍貴。另一本為鮑爾吉・原野著《善良是一棵矮樹》，為我的同鄉兼好友、詩人艾蒿饋贈。這樣，這套「遊心者筆叢」總計五本，夢柳齋終於齊備，心中自有一番高興和感慨。

從湖南嶽麓山腳下的嫦娥書店郵購的三本書分別是：美國作家辛克萊・路易斯著《巴比特》，王仲年譯；法國作家弗朗索瓦・莫里亞克著《黑夜的終止》，周國強著；日本作家田宮虎彥著《菊阪》，儲元熹等譯，是作家的一本中篇小說集子，共收中篇小說十一篇。辛克萊・路易斯和弗朗索瓦・莫里亞克，皆為諾貝爾文學獎的獲得者。讓我忍俊不禁的是，我郵書的這家書店，名為「嫦娥」，很容易令人想起「書中自有顏如玉」這句老話，呵呵。

下午接到山東作家自牧先生的電話，詢問我是否寫日記，我答曰：寫。他便爽快地告知我，他正籌備編輯第二本《半月日譜》，讓我寫二〇〇六年十二月一日至十五日的日記，另外準備幾張照片和一篇個人小傳，待本月十五全部寫完即寄給他，收入這本新編的書中。我當然很高興，當即表示願意，並謝謝他。前幾日收到自牧先生寄來的《三清集》，書中有友人寫他的文章，述其山東淄博的方言語流甚快，今日一聽，果然。

晚上，流覽湖南長沙的文友吳昕孺的個人博客，看到他主編的《大學時代》二〇〇六年第十二期已出刊，這期《大學時代》為終刊號，刊有我的一首詩〈寄給朋友的信〉。我能趕上這次末班車，也很幸運，因而這期刊物也很有紀念意義了。昕孺兄前些日子給我寄來了他的作品集《兩個人的書》，有詩有文，有其妻蔣兆枝女士的配畫插圖，很漂亮很才子氣的一本書。

晚飯是岳母從鄉下帶來的粘豆包，佐以東北特色的辣椒土豆泥、鹹蘿蔔條、大白菜，甚可口。

十二月五日　星期二　多雲轉晴

今天單位的活路稍微輕鬆了一些，無案牘。上午讀老愚的《蜜蜂的午後》一書。這是一本和預想的風格十分接近的書，筆調從容，敘述中不僅充滿智性，也有充沛的感情。在〈眼睛望著上帝〉一文中，作者開篇第一句：「二十歲，誰都是詩人。」這句話，讓我想起自己求學時的寸寸光陰。

下午收到郵購的兩本書，一是卡繆的《置身於苦難與陽光之間》，三聯文庫世界經典隨筆系列之一種，原價九元二角，我花五元從河北石家莊聖賢特價書店郵購得之。另一本是臺灣作家成寒的《推開文學家的門》，原書定價二十九元，我花十二元從北京時代天驕書店郵購得之。在去郵局取書時，路過新華書店，我又花十八元買了那本前幾日便看中的《文學中的色情動機》，「文匯譯叢・深度探訪」叢書之一種，美國學者、文學評論家阿爾伯特・莫德爾的代表作，劉文榮譯。下午，還收到自己訂閱的《世界文學》二〇〇六年的第六期，上面刊有土耳其作家帕慕克獲二〇〇六年諾貝爾文學獎的簡訊。《世界文學》是我這幾年一直在堅持自費訂閱的一本文學刊物，使我受益良多。這期上還刊有一則《世界文學》的徵訂啟事，二〇〇七年每冊定價由原來的九元六角漲至十二元八角，如訂閱全年打七折，每冊定價仍是九元六角。前幾天我已通過單位在郵局訂閱。

今年買了不少書，今天約略算了一下，大約超過了五百元，買了六十多本，庶幾算是進入縣城後購書最多的一年了。前幾天，我在自己的博客上帖了在機關裡工作的三個發現，主要內容是：發現之一，就是事實證明了一句老話：「原來官場不讀書」。你不讀書也還罷了，還愣充讀書人，這就讓人有些不能接受。如果你就俗人一個，而且敢於承認，這樣的人還倒叫人佩服。天底下最可恨的，最可憐的，也是最可悲的，就是不懂裝懂，愣充行家。發現之二，森嚴的封建等級制依然存在。雞毛蒜皮點兒小事，也要層層請示，層層彙報。一個不小心就說你越俎代庖，就說你不懂規矩。所謂規矩也，要清楚自己多大份量，自己是哪一個層次的，簡要言之，用官場的話，就是自己要擺正位置。你說累不累，累不死書生才怪！發現之三，在官場，你不要顯擺自己是真正的讀書人，因為大家都不讀書，就你懂得多，就你能，就你清高得不可方物。好吧，群起而冷落之。你不是高人嘛，就徹底「高處不勝寒」吧。我的結論是：在官場，保持書生本色，恰似刀尖上討生活，冰面上求溫暖。要想保持書生本色，遠離官場。

這個貼子在博客上發出後，內蒙的張阿泉兄隨後跟一個貼子，茲錄如下：

這個道理，我們的吉林通榆才子早就應該懂得才對。一個鄉村詩人的價值遠比一個石壕小吏（如果能混一個股級或科級小吏）的價值高得多。讀書人一開始就不要往官場裡混，混進去就是自取其辱。感悟得早，就趕緊逃出來。過一種「權利輪子」底下的活人的生活罷。讀書人就是要占盡自己讀書的美妙風光，而不要覬覦或羨慕達官巨賈的豪奢或刺激。趕快逃吧！讓兔子去奔跑吧，不要教豬去唱歌或與豬一起唱歌。

十二月六日　星期三　多雲轉晴

今天整整一上午幾乎沒有看到陽光，冬天沒有陽光就顯得很冷。坐在辦公桌前，能感覺到冷風從窗縫吹進來。上午讀了一會兒書，老愚的《蜜蜂的午後》。

下午又收到三本書，都是伍立楊的散文隨筆集。一是從北京時代天驕書店郵購來的《水月鏡花》，作家出版社一九九七年八月一版一印，為「九州方陣」叢書之一。另兩本從哈爾濱中央書店郵購得之，一為《墨汁寫因緣》，二〇〇三年八月一版一印，為「六朝松藝文筆叢」之一；一為《大夢誰覺》，上海古籍出版社二〇〇五年五月一版一印，為「千年眼文叢」之一。伍立楊的隨筆，「文思開闊，識見獨特，汪洋恣肆，不拘常格」，我非常喜愛。關於他，內蒙的散文作家張阿泉曾寫過一篇〈浮世裡的孤燈逸草〉，對伍其人其文都有較為恰切的評論，贊其是上個世紀六十年代出生的作家裡「卷氣博雅，深具古風」的一位。

晚讀書，是今年十一長假後從湖北天門書坊郵購而得的《寂靜的春天》（一九七九年六月一版一印），書相九品，原書定價七角，我郵購共花二十元（其中書價十五元，郵費四元，匯費一元）。這是環保科普叢書中的一本，作者R·卡遜，美國人，知識女性，海洋生物學家。在這本書裡，她以生動活潑的文字，明白曉暢地介紹了有關污染物的遷移、變化，闡述了天空、海洋、河流、土壤、動物、植物和人類的密切聯繫，重點介紹農藥對生物的危害。書中這樣描寫環境惡化後的場景：

> 這是一個沒有聲息的春天。這兒的清晨，曾經蕩漾著烏鴉、鶇鳥、鴿子、鵝鳥、鷦鷯的合唱以及其他鳥鳴的音浪；而現在一切聲音都沒有了，只有寂靜覆蓋著田野、樹林和沼地。……是什麼東西使得美國無以數計的城鎮的春天之音沉寂下來了呢？這本書試探著給予解答。

我之所以從孔網上郵購此書，因為作者發自內心倡導的環保精神完全契合我的天性。值得一提的是，天門書坊的老闆范瓊在寄書的包裹上，貼了一張有藍色海洋、綠色大地和銀色飛鳥的圖案、價四元五角的郵票，主題即為「保護生物多樣性」，與這本小書的宗旨不謀而合，相映成趣。晚十時睡下。

十二月七日　星期四　多雲轉晴

昨晚的睡眠很不好。晚上十時睡下，凌晨三時就醒了，心緒有些不寧，睡不著，且胃部疼痛，不舒服，只好臥在炕上借著檯燈的微光躺讀，讀的是伍立楊的《大夢誰覺》，這是一本讀史的札記隨筆，既顯春秋筆法，又現才子性情，很適合安妥我睡不著的心境。

今天上午又是多雲。上午單位的案牘不多，一會兒便處理完畢。讀書。由於單位人來人往，環境不寧，只好串讀。讀了一會兒《大夢誰覺》，又讀了一會兒成寒的《推開文學家的門》。成寒的書圖文並茂，雅人深致。令我驚異的是，這個漫遊世界、腳走天下的女作家，在書中的照片是如此的小巧，站在安徒生故居窗前的倩影，完全像個孩子，中學生。而讀了書中知識密集、涉獵博雜、文思四逸的文字，再看看這個奇女子的照片，讓人覺得她彷彿是一個降落凡俗的精靈。這樣的奇女子，臺灣還有一個鍾芳玲，我手頭存有鍾的《書店風景》和《書天堂》（網路下載）。讀她們的書和經歷，令吾輩書林裡的鬚眉，自愧弗如。

晚上又在單位枯坐了一會兒。有時我喜歡一個人靜靜的坐著，不讀書，什麼也不想，聽聽窗外的寒風，通過小城的火車的轟鳴，或望一望萬家燈火。

十二月八日　星期五　晴

今天天氣還好，只是早上太陽初升時有一些雲，七時多一點兒就散了。上午單位有些事務性的雜事，未讀書。中午吃過午飯後，因市電教中心和市電視臺要在下周來拍攝扶助黨員創業的新聞片子，我作為縣電教中心的負責人，便和同事一起到蘇公坨鄉的喬家圍子村，先看看確定的兩戶扶助黨員典型戶的線索情況。真是冬天了，一路上，空曠的田野，安靜的村落，只有小群的喜鵲，會在車過時，撲楞楞地飛上路邊光禿禿的樹枝上。經過一個小村時，遇到一個孩子，他手裡揮舞著一個木棍，沖著我們快速行進的車窗比劃了一下。他的頑皮，讓我想起自己貧困、單調而又充滿回憶的童年。在村裡走訪一小時，很順利，即返回。

下午讀了一會兒書，伍立楊的《墨汁寫因緣》，在〈藏書的氣氛〉一文中，我尤喜這樣一句話：「多種刊本靜靜地躺在書架上，彷彿與時光同醉。投在書籍上的陽光慢慢收縮，由面而塊、由塊而線、由線而逝。這時候思緒慢慢走神，覺得一勞永逸地生活在縹緗萬卷的氛圍裡，和它們共用安閒，更無別的什麼企求了。」在這蕪雜的生活中，實現這夢想實在太難了。要想在機關生活中保持住書生本色，關鍵在於自己要能夠按照心的指令，在別人的閒聊中抽出身來，給自己一點兒陶然讀寫的「林間空地」。晚上同學招飲，喝「豐穀」牌白酒兩杯，有五兩吧。七時歸家後讀了一會兒《水月鏡花》，感到疲倦，遂睡去。

十二月九日　星期六　晴

今天是週末，早六時醒，懶了一會兒床，臥在炕上讀了一會兒書。早飯後八時到單位，寫一單位案牘至中午十一時。因近日氣候寒涼，身體不適，舊痔復發，倍覺精力有所不逮。午飯一朋友招飲，喝至一杯半，便覺胃不舒服，遂罷飲。飯後，一行四人洗澡，且在浴池休息廳小睡半小時。自己從浴池先出後到新華書店，買書一本，王文濡選編《續古文觀止》，岳麓書社二〇〇三年一月一版一印，布面精裝，價十六元。在此書原序中有這樣一段話：「今雖國體革更，故文凋落，而遺老耆宿，羈旅他鄉，支離斗室，風瀟雨晦，雞鳴不已。」吾雖非「遺老耆宿」，但讀此語頓生蒼涼之意，有客旅他鄉的惆悵和徊想。

自新華書店回單位弄案牘一小時，因感覺疲倦得要命，便回家繼續睡了一小時。晚友人又招飲，本不想去，又覺不妥，去後滴酒未沾。晚飯後一行四人到「甲殼蟲」歌廳唱歌一小時，甚覺吵鬧，但中途離去還感不妥。我總是在友人面前很難說不。決心今後不再這樣難卻情面，要給自己留一點兒時間。歸家，為女兒買「康加一」小麵包四十個。仍覺胃不舒服，趴在熱炕上讀書。伍立楊之《大夢誰覺》讀畢。

十二月十日　星期日　晴

因身體不適，早七時半才起床。女兒感冒，為其買消炎藥一瓶後，到單位繼續修改案牘。改畢後，補寫前兩天之日記。痔疾仍不見好，便血，身體虛弱，達到不能久坐的程度。與中醫院的老鄉聯繫，詢問治療痔疾的法子，他囑我吃兩片安絡血，不要多吃。準備再郵購一本書，葦岸選編的《蔚藍色天空的黃金——散文卷》。下午因身體極虛，不得不歸家臥炕睡倒。睡醒後躺讀伍立楊之《墨汁寫因緣》。晚因胃不舒服沒有吃飯。五時半與女兒一起到單位，我來續寫這篇日記，女兒則是週末休息要玩一會兒電腦。邊寫這篇日記邊覺胃部不適，在網上查看胃出血的症狀，發現自己今天的反應與之有相似的地方，準備明天去醫院看看。流覽自己的博客「夢柳齋」，山東阿瀅兄有留言，曰：「周日，來看望筱強兄。」讓我心頭一暖。遵友人孫玉琳囑，在網上下載我的朋友、詩人夏遠志的詩和一些零碎的讀書筆記。夏遠志，吾鄉黨也，長我六歲，長髮，面白，儒雅清脫，性情散淡，有日人氣質，藝術學院畢業，專業為音樂，但喜讀哲學和美學，擅飲酒，酒酣時好長歌。我求學時學校舉行新年師生聯歡會，他作為教師代表，歌《橫斷山》，嗓音激越，風神俊朗，一時為追星女生之偶像。現供職一所大專院校的圖書館，近來讀寫甚勤。我曾在今年十一月十六日的日記中寫道：「中午夏遠志來電話，他又醉了。這個有才華而又酗酒的哥們，有時讓人發愁……」

十二月十一日　星期一　晴

昨晚身體倦怠，睡得較早。雖然胃極不舒服，但因火炕很熱，睡眠未受太大影響。晨五時醒，還覺精神狀態不佳，遂又睡一小時。

早便仍流血。因想檢查身體，未吃早飯。七時半至單位，與中醫院的老鄉電話聯繫，八時即打車去中醫院。足足等了一小時，這位老鄉（縣內有名的肛腸科大夫）才去。我向他說了一下我這兩天的身體情況，他對我進行了一番檢查後，說：「你的肛門處長了一個息肉，而且肛裂處有一血管，所以這兩天發病時流血較多。」同時，他建議我過幾天由他為我做一小手術，將息肉切除。我想也只好這樣。他的診斷，意味著我每次流很多血不是因為胃腸的緣故，雖然略放寬心，但在回單位的路上，我還是買了一盒胃樂新沖劑，想緩解一下胃部的不舒服感。

回到單位，看到辦公桌上放了一份郵件，是山東濟南自牧先生寄來的《日記雜誌》第四十一卷《半月日影》專號，中國文史出版社二〇〇六年八月一版一印，價二十六元，共收入陳子善等二十四位作家的半月日記。書的扉頁有黃裳的題簽，鍾叔河、馬曠原分別作序，自牧以詩加注釋的形式對收入書中的二十四位作家逐一評介並作為書後跋語，頗具情致。準備晚上細讀之。另有一郵政包裹領取通知單，是我從河北石家莊聖賢特價書店郵購的伍立楊著《鐵血黃花——清末民初暗殺論》。中午下班回家飯後去郵局取回，並去工行將這本書的書款九元匯去。伍立楊先生的這本書，很別致，用陳四益的跋語中的話講：「我不曾想到文質彬彬的伍立楊君會寫出這樣一本書。但他寫了，而且傾注了強烈的愛憎。」彭程在書後的跋語中歸納了這本書的三個特點：一是將其（伍立楊）文章中出文入史、廣搜博引、縱橫捭闔的一貫風格發揚到了極致；二是語言更簡約，更老到，跌宕頓挫，雄渾沉鬱，和內容極為相諧；三是書中充沛著作者憂時憤世的書生意氣，知識份子的社會責任感，人文關懷精神。我以為此論尤切伍之文章內涵肯綮。晚，同學郭宏策來電話，詢問病情，囑我禁酒，且少食辛辣食物。我表示贊同。夜讀《半月日影》兩小時，近十時睡下。

十二月十二日　星期二　晴

早上四時醒一次，又強迫自己睡去。近六時醒，感覺身體狀態比昨天好多了。早飯吃了一小碗大米粥，一個小麵包。七時十分到單位，打水洗頭。上午單位無案牘，讀寇里訂閱的《新華文摘》二〇〇六年第二十三期中作家談歌寫的中篇小說《老樂的執迷不悟》，普通百姓的生活，有樂亦有苦。讀《瞭望》週刊二〇〇六年第四十九期，其「社會」欄目刊佈了雲杉回憶父親烏蘭夫的懷念文章〈無大愛，何以言割捨〉，中有追憶在上世紀國內「三年困難時期」，烏蘭夫為國分憂，向周恩來總理提議由草原人民收養三千孤兒的故實，讀之很感動。上午約十時母親來電話，我問了她一下最近的身體狀況，她說不是很好，心臟病犯得較頻，幾乎每週就犯一次。我很惦記，囑咐她要堅持用藥，並且在犯病時千萬要掛點滴。母親快六十歲了，每當我看到她滿頭的白髮，總覺是一夜之間的事兒，看了讓人想哭。光陰如風，人，怎麼說老就老了呢？

中午回家時去小賣部買五號電池四節，到家後安在固定電話中，使電話顯示時間與來電號碼。午飯菜為豬骨頭燉酸菜，佐以清淡的蘿蔔鹹菜，讓我很有食欲，吃了米飯兩小碗，胃口比昨日好多了。

下午處理了一些單位的事務性工作，修改一案牘，不是很累。讀了一會兒雜書。晚，寇里聚餐。飯後，同學招飲到「海豚灣」休閒驛站，飲墨西哥品牌啤酒「科羅娜」，吃冰點和水果沙拉。這家小酒吧有一句廣告辭：「我不在家，就在海豚灣；我不在海豚灣，就在去海豚灣的路上。」此為套用，原句為「我不在家，就在咖啡館；我不在咖啡館，就在去咖啡館的路上。」在此酒吧得書兩本，為《淨土聖賢錄》上、下冊，為佛寺流通物，字大疏朗，閱之養眼洗心。

因家中來客，今晚我到友人孫玉琳家住宿。玉琳君，年過四旬，經歷豐富，曾為村中社員，為代課教員，家藏卷冊數千，讀書中外兼修，因其讀寫績豐，於前年成為縣戲劇創編室創作員，我視其為小縣一儒。我請他幫我校對自己的半月日影，他欣允之。

十二月十三日　星期三　晴

晨六時醒，即起。回家吃完早飯七時到單位。讀了一會兒書。九時市電教中心和市電視臺等三人來採訪，遂陪之下鄉，中午又陪吃飯。下午二時採訪畢，三人離縣回市。市電視臺記者為女性，個高，眼小，素面朝天，樸實無華，聊天也實在，與我想像中的和遇見過的城市前衛女記者不同。到農民家採訪，自己找抹布擦落塵的凳子，淳樸之舉令吾心中一贊。整個採訪十分順利。

下午二時至下班，單位雜事一堆，幾無喘息餘地，既要修改案牘，又要處理事務。我在內心一再叮囑自己，越是忙亂越要細心不出差。下班後，在家看書一小時，近六時去英語輔導班接女兒。飯後，到單位寫今日日記，並流覽自己的博客，長沙文友吳昕孺來訪並留言。讀昕孺之博客「昕孺閣」，在今天的日誌中他有這一段話：「中國最偉大的作家魯迅對諾獎就沒有奢望，他說了一句大白話，中國作家不配領這個獎。當代作家們都望著那個獎，可配得上的就更少了。什麼原因，三個字：水平臭。要高度沒高度，要深度沒深度，要厚度沒厚度，要氣度沒氣度；只有長度馬馬虎虎能湊合。」言辭犀利，雖書生意氣，但也道出中國作家不能得諾貝爾文學獎的個中重要因素。

晚仍要到玉琳兄家住宿。家中居住條件逼仄，明年就好了，準備明年開春就買樓，改善居住條件，也好讓吾輩書生有一自己的房子，可安心地「小樓一夜聽風雨」，可笑迎「有朋自遠方來」。

十二月十四日　星期四　晴

上午七時到單位，洗頭。給山東濱州作家高維生寫信，他是吉林人，著有散文集數種，二〇〇五年新著有散文隨筆集《酒神的夜宴》。八時三十分，到縣政府賓館參加市委組織部調研組座談會。談至十一時，然後部裡統一組織中層幹部到新興鄉（距縣城四十華里）飯店吃飯。未飲酒，吃鄉野真正的大骨頭燉酸菜和鹹芥菜梗燉新鮮大豆腐，甚開胃可口。

下午一時半回單位。處理一會兒案牘，不多。然後上網流覽自己和友人的博客。讀「草原盛會萬次貼：一席最饕餮的精神大餐」，中有阿泉新貼的他為徐明祥新著《潛廬藏書紀事》之序言，文思橫逸，劍走偏鋒，仍是讓人「喜歡得弗得了」。忽然憶起二〇〇二年我孤雁遠行，在呼和浩特與泉兄相聚的快樂五日。記憶尤深者，乃泉兄「脫口秀」之敏捷，讓我領略了他「胸中錦繡，口吐珠璣」的風神。有例為證：臨告別時，他將為我拍的照片全部洗出，並一一進行即興式的評點。有一張是我在將軍衙署門前懷抱一棵老樹的留影，眼神為無助的遠眺，他道：「這張是『救救我吧』！」

讀長春友人王國華的博客「真正易水寒」，新貼文章為〈《羅織經》的悖論〉。據王兄介紹，《羅織經》，唐來俊臣、萬國俊著，全書數千字，每篇三四百字，共十二篇，分別講述如何閱人、事上、治下、控權、制敵、固榮、保身、察奸、謀劃、問罪、刑罰和瓜蔓（即羅織）。該書作者來俊臣，為武則天時期著名酷吏。我未見過此書，但一想世上竟有如此陰暗的書，不禁吃驚，有「白日遇鬼、背過陰風」的森森然。我想，還是不要讀到這樣的書好。在我的心裡，我崇尚和親近善良光明的、誠實淨雅的、閒適妥貼的文章和作家。不要心機，要多一些坦率；不要油滑，要多一些拙樸。

晚回家幫助女兒處理作業。夜躺讀《日記雜誌半月日影》。

十二月十五日　星期五　晴

六時半起，七時到單位，邊吃大碗速食麵，邊觀看網路電視阿泉主持的《頂級探訪》節目。八時，按照昨天的安排，我領著寇里的一位同事去十花道鄉，採寫一個農民黨員致富先進典型。此所謂公幹也，雖無趣，但卻不能不做。到鄉政府後，在鄉黨委副書記和組織委員的陪同下，我們一起到了這個黨員典型戶家，與之細談。他為了致富，承包了村裡一百公頃草原，並把家安在了草甸子上，我們這裡稱之為「出窩棚」。他在草原上養牛，養鵝，養魚，年可收入三萬元。一家人生活勞動在草甸上，通電話，有電視，並不寂寞。談至中午十一時回鄉里，吃飯，未飲酒。飯後，小睡片刻。

下午近三時回到單位，收到湖南《大學時代》雜誌稿費二十元，還未收到樣刊。晚飯後讀書，張檸著《土地的黃昏——中國鄉村經驗的微觀權力分析》。這本書從微觀權力以及經驗衝突角度入手，通過對時間、空間、囂物、身體動作的哲學和心理學分析，細膩地敘述了宏觀權力結構在鄉村經驗的各個層面（比如鄉村器物——農具、傢俱、玩具層面、身份等級層面，鄉村的時間體驗和空間經驗層面，微觀社會學的身體姿態和表現層面等）的轉化過程。由於作者採用了理論邏輯融會於敘事過程之中的方式，此書具有很強的可讀性。我生在鄉村，骨子流的是鄉村的血，就像文學前輩孫犁、沈從文們那樣，我始終認為自己是一個鄉下人。因而，讀張檸此書，頗親切，有重回家園之感。作者張檸，文學評論家，文化學者，供職於廣東省作家協會創作研究部。他還著有《敘事的智慧》、詩比歷史更永久》、《飛翔的蝙蝠》、《時尚鬣犬》、《文化的病症》、《沒有烏托邦的言辭》等。我手中的這本，為河南濮陽文友劉學文購贈。君投我以桃，我曾寄《中國‧向海》畫冊一本為木瓜回贈。

準備明天和同事一起去鄉下活動一天。太匆匆，浮生半月又過去了。

理髮

著名作家梁遇春、林語堂曾先後在文章中談過甜美的睡眠，內蒙作家張阿泉在文章中談過讓人「舒服得痛苦」的洗澡。據我「摒除絲竹到中年」的經歷和觀察來看，對於人的一生來說，理髮和睡眠、洗澡一樣，無論王侯將相，還是販夫走卒，人人一律平等。理髮師一番刀剪之後，精神皆為之煥然，是不必花費太多金錢或挖空心思即可獲得的日常幸福，乃為人生另一樂事。

我這個人，在日常生活上思維單線，容易形成定勢，理髮即是如此。二〇〇三年，我到縣城工作後，一直在一家理髮店理髮，五年來可謂「堅貞不渝」。這家店鋪，門面不大，三個大字「理髮店」，前面綴有二小字「刮臉」，名字簡潔，不花哨，讓人一望有踏實感。理髮師為一中年婦人，膚白，面容姣好，臉上有天然笑意，少言，但手藝精湛。自云為家傳技藝，其母即為當年公家浴池之剃頭婦。

我之所以來過一次後再不換別處，實在是伊的手藝太好了。理髮，剪法利索；刮臉，刀功嫻熟。特別是刮臉，堪稱一絕。客人半仰臥於躺椅，伊在客人臉上塗一層肥皂沫後，即在牛皮帶上蹭鋒利純鋼刀刃數下，稍息片刻，遂開始下刀：先額頭，後眉翼，抵鬢角，至雙頰，而鼻側，再下頦，繞耳後，終脖頸。章法嚴謹，順序縝密，不亂分毫，手勁不輕不重，拿捏恰到好處。

這樣的手藝，自是回頭客居多，尤其是春節將至，每日更是候剪者絡繹不絕。我昨天早七點即去，仍排至第五人。在等待過程中，眾人閒聊，我自覺連續五年不換地方頗有些資歷，甫一說出，便有一老者接話道：「你才五年，我自她母親始就在此家，已四十年。」聞聽此言，我啞然，心中想，此公較我更堅貞不渝也。

二〇〇八年二月三日於夢柳齋

品茗

茶之一道，大國之傳久矣。以愚淺陋所識，以西湖龍井為最，福建的毛尖、毛根次之。在鄉野，多數人喜飲雲南之鳳慶紅茶，花茶則以茉莉廣播，有「茉莉花茶分外香」之譽。此兩種平民家居常備，多為解渴消暑待客而洗磨時日，得其樂其味，其廣泛程度，略見一斑。吾之飲茶已三載餘，前二年多與他人同，以鳳慶、茉莉為主，其餘少見，鮮聞名品。據傳，往饑饉年份，茶為實用，在盛夏之中退猛日。茶民無過剩餘錢，即廉價購進劣等茶末以充之。觀之無色，飲之微澀，鄉人戲稱為「脹肚黃」。這是古事，既成過往，便成笑柄。

余近來漸悟飲茶之高境，即為品茗。品茗一詞，典釋為：辨別茶之好壞優劣也。吾以為善品為茶道之最高境界，若人生也。品茗，多為小口輕啜，細咂，凝神回味其中佳味妙趣，陶陶然若仙，禪也。曹霑在《紅樓夢》中論茶曰：「一杯品，二杯解渴，三杯則為飲。」而近年據茶博士考證，品茗以序數二杯為最，即謂捨一去三留二。

數月前有四叔丈贈盒裝紅茶、花茶各五。愚各取一份品之。紅茶係出雲南，大體為鳳慶一路，其色沉實，其味綿遠。花茶上標「高級」，初以為茉莉，細啜則異，反覆揣摩，乃「猴王」也。又煮一杯，上浮茶花一朵，潔白剔透，仿若新生，尤是喜人。故名曰「江山堆雪」，又「月中折桂」。然稍一疏忽，燦燦然入腹中，使口香舌馥，戲稱「憐香惜玉，滿體生春」，熏熏然矣。

極品龍井，詩友艾蒿曾置，乃好友梅游杭州代購之，約一兩，值五十元左右，得之欣欣。時吾正讀書求學，與艾交厚，幸得一啖。三品小心翼翼，摒息琢磨，頓覺百脈貫通，全身舒泰，開胸順氣之功顯效。後迄今無緣再見。

一九九六年九月十七日記於夢柳齋

午後的蜜蜂

當美麗的向日葵垂下它金黃的頭顱，小而素樸的蜜蜂將跟隨它的主人遷向溫暖的南方。在我的生活和閱讀經驗中，蜜蜂是一種小巧、既讓人疼愛又令人生畏的昆蟲。

一個秋日的下午，我在屋子裡讀書，忽然聽到一陣很大的嗡嗡聲，抬頭一看，原來是十幾隻蜜蜂由窗子的縫隙鑽了進來，在裡側的紗窗上爬動，且偶爾地貼著玻璃輕輕飛舞。我出於好奇，便用一根細木棍輕輕地去觸動其中的一隻，可它卻沒有像我想像的那樣來攻擊我，也沒有召集其他的夥伴來向我作出更為激烈的反應。這令我很驚詫，也令我內心感到由衷的不安。或許這小小的精靈是緣於對我的信任，才來到我的書房，和我一起度過這個秋日的下午吧。

出於對這十幾隻新鄰的尊敬和愛意，我翻閱了有關蜜蜂的介紹書籍。從而使我對它們的瞭解更加豐富。蜜蜂作為一種自然界中較小的昆蟲，過著群體生活。紛繁複雜的蜂群中有三類蜂型：蜂王，雄蜂和工蜂。其中工蜂最令人欽佩。工蜂是蜂群中數量最多，個體最小而擔任工作最為繁重的蜂型。在正常情況下，工蜂大體上按照日齡擔任生理上最適宜的工作。我在當天的日記中記下了工蜂的大致一生：三日齡，擔負保溫孵卵，清理巢房，提供蜂王產卵等工作；四日齡，調製花粉，餵養大幼蟲；八至十二日齡，分泌王漿，餵養小幼蟲；十三至十八日齡，擔任清理巢箱，拖棄死蜂或殘屑，夯實花粉，釀蜜，築造巢脾。使用蜂膠等大部分巢內工作；十八日齡後，從事採集花蜜、花粉、水分、蜂膠，直到老死，守衛禦敵工作，也由部分採集蜂擔任，在採集季節，工蜂平均壽命只有三十五天左右。

我之所以十分冗長地記錄下這些文字，完全是出於對蜜蜂的深深敬意。它們以自己辛勤的一生向人類昭示了這樣一個真理：所有為追求生命質量的生靈，終其一生，都在以自己的行動踐出了一條光輝的道路。關於蜜蜂的意義所在，我想引用作家葦岸的話：「它們就在我們身邊，似一種光輝，時時照耀、感動和影響著我們，也使我們經常想到自己是普通勞動者和捨生忘死的英雄。」

蕭蕭白楊林

我總在內心告誡自己：只有在鄉下，在大自然的懷抱中，你才能永葆一顆善良而敏感的心，才能寫下最優美的詩句，你的靈魂才能得以在大地上棲居。

我出生的北方，白楊林隨處可見。在冥冥之中，我生命的成長與白楊林形成了一種牢不可分的親緣關係。無論走到哪裡，我總認為一抬頭便望見白楊林是我一生的幸福。白楊林樸素無華堅韌卓絕的形象，彷彿是無數個我的夢的集合顯現。

在冬天，守望白楊林，是我的一個習慣。冬天的守望，在我，永遠是一種靈魂的回歸終點，永遠是一種無法言說的悸動。冬天的大地，呈現出它原初的面貌，為一切事物的降落與歸依做好了空闊的準備。它是安靜的，平和的，在一片蕭瑟中展示它的蒼遠寥闊。冬天的白楊林，盡已脫去繁密的葉和蒼老的枝，我的詩，總是無法達到它的深處。但在我的心裡，脫去重負的白楊就是一隊豪邁的勇士和英雄。它們將自己的行裝盡數交付大地，以最真實最袒裸的胸懷與寒冷和曠遠抗爭。黎巴嫩的偉大詩人紀伯倫曾寫下這樣一句話：「樹木是大地寫上天空的詩。」我想，冬天的白楊林應是其中最光輝的一行。

面對風中蕭蕭的白楊林，我沒有為它的悽愴晚景而悲慟不已。我在深深的感懷之中為它們寫下我的獻詩：

一痕冬涼之下
或是最蒼茫的一筆

在落陽中寫下積年的背景
白楊啊，我年少的佳侶
你在西風的勁舞裡
迎來垂暮的淒清與卓絕

季節的慨歎化成微薄的霜
繽紛的頭飾化成厚厚的淚水
我是在黃昏的布帷下
吟唱的行旅啊　白楊
苦難一層層剝開　脫落
詩行一節節分離　重組
在無數的倦鳥鳴啼之後
我發現了你
並走入你的懷中
一顆顆我年少的熱淚
這冬天的白楊
恣意的飄零

〈白楊之歌〉

走在堆滿枯葉的白楊林中，我不想再說些什麼，為我的感覺，為我的詩。我忽然想到多年以後的我，一如臺灣詩人余光中散文中寫的：「風吹我的白髮，蕭蕭，如吹動路邊的白楊。」

一九九七年十二月十八日

新年的徊想

又一場大雪降臨了，在這安靜如雪色的深夜，新一年的腳步聲漸漸傳來，我坐在寬大溫暖的書房裡寫下「新年」二字，心中自是有幾多徊想。

我生在鄉下一個窮困之家。小時候，盼望新年盼的是能吃上一塊讓自己的小嘴生出香味生出甜蜜的水果糖，穿上一件從兄長身上傳遞下來的半新衣裳，還有一件母親親手縫製的布鞋。雖然鞋面是由五顏六色的布條拼成的，但在我的眼中它是簇新的。直到現在，我還能憶起母親在昏暗的油燈下做鞋的那幅雖清冷但充滿親情的剪影。寫到這兒，似乎自己的童年完全充滿了灰色，其實不然。有句老話說「富人過年，窮人也過年。」窮人家過年也有窮人家的歡樂。比如，大年三十的晚上，在點燃的火堆旁，在劈啪作響的爆竹聲裡，在熱騰騰的餃子端上飯桌之際，無論大人還是小孩子，臉上是燦爛的笑容，心中都有對新的一年的憧憬：渴望風調雨順，希冀平安健康，最迫切的，是願窮苦如野菜的日子能夠在新的一年如風遠逝。

就在這不知不覺的企盼中，父親的背駝了，母親的頭髮白了，我也從一個褲管沾滿泥巴的鄉下孩子進城讀書，回鄉教書，又進入縣城機關謀稻粱。我的女兒，也在「年」的車輪聲中莊稼拔節般長大，硬是把我追趕成一個中年人。光陰如飛矢，一如梁啟超說的：「風雲入世多，歲月拋人急」啊。今天的我，已將太陽帶來的三十六個冬天送走。生命是一條河，我正邁入更加寬廣的河面，「千帆過眼皆不是」，內心一片明麗沖和。在新的一年如果說有願望，那麼我則有如下的祝禱：願父母年事愈高身心愈康泰；女兒能夠在如花的年齡擁有快樂和精進的學業；我呢，能少一些酒酣耳熱的觥籌交錯，多一點兒瀟脫寧靜的讀寫時光，夢柳齋的書林再添新葉，在漫漫浮生中，除卻案牘勞形之外，「一窗明月半床書」的優遊常伴身邊。

探訪上官纓

結識老作家上官纓（潘蕪）是在二〇〇三年的白城市文聯召開的第二屆「綠野」政府文學獎頒獎會上，我獲了銀獎（金獎空缺），潘老是特邀佳賓。中午宴飲時潘老沒有應當地官員之邀，而是與我們這些年輕人在一起共進午餐。飯後，潘老、艾蒿、夏遠志和我合影留念。隨後的幾年中，我和上官纓老師每年都有或多或少的通話，互道一聲問候。並且，在這幾年中，潘老先後贈我《東北淪陷區文學史話》和《描紅集》二集，我又從一家公共圖書館得到精裝本的《上官纓書話》，厚厚一巨冊。

潘老是黑龍江賓縣人。童年時代喪母失怙，是個孤兒，靠給人放豬為生。十四歲即跟著村裡來的土改工作隊（文藝團體）走上了革命道路。開始是跟李默然在一個演出隊。因為他天生口訥，所以只能跑跑龍套。以後便發憤讀書改行寫作了。一九四六年後歷任東北文工團、東北人民藝術劇院、東北作家協會、吉林省文聯專業作家，《參花》文藝月刊主編。一九四九年開始發表作品。著有文藝論集《藝文亂彈》，書話集《惜書齋書影》，鼓詞《徐二嫂捎書》、《韓慶寬》等。上世紀五十年代，潘老由東北作家協會（瀋陽）轉至長春作家協會（省作協前身）。他本來是寫劇本的，曾出過幾種單行本，並代表吉林文壇的青年才俊在全國文學創作代表大會上發言，一時頭角崢嶸。可能是年輕氣盛吧，看不慣就要說話，或是對黨忠誠，讓提意見就提，便寫起了雜文。結果剛一出手，右派的帽子就給他扣上了。妻子被迫和他「劃清界限」，帶著兩個幼小的女兒回了瀋陽。他被下放到了吉林省乾安縣，轉眼二十載，歷盡了痛苦和磨難。下放期間有一回看李默然主演的電影《甲午風雲》，他一時「忘乎所以」居然說「鄧大人」是我們隊的大哥，結果被造反派好頓嘲笑和批判！獲得平反後，重返回省文藝界。由於是解放前參加革命工作，資格夠老，離休後享受廳級待遇。

二〇〇八年夏天，我領女兒到長春遊玩，小住了三天，期間，我約了作家於德北、王國華共同看望潘老。潘老七十八歲了，一頭銀髮，雖行動已較遲緩，但還是堅持出家門很遠來接我們。在去潘老家的路上，我向他提起南京徐雁當年策劃的「華夏書香叢書」曾預告有他的《惜書齋書話》，但一直未見。潘老說，當年省委宣傳部決定給他出一本精裝的、帶有總結性質的《上官纓書話》，雖然徐雁當時答應先付稿費一萬元，但他還是沒有答應，說不想重複出書，因此他並未將稿子給徐雁。他的一番話，讓我心中的疑惑頓解。

到潘老家，潘老送給我的女兒一本上世紀七十代版的《木偶奇遇記》，三本硬面精裝的童話。我們敘談了近一小時。在交談中，有四件事可記述。

一是關於汪曾祺。潘老說，他很喜歡汪曾祺的作品。提起汪曾祺的文章如數家珍，對其小說、散文、詩和畫，都讚不絕口。八十年代初，在北京舉辦的一次關於民間文學的會議上，自己很榮幸地見到了汪曾祺。他用了「榮幸」這個詞。一個老人，身穿米黃色中山裝，每天都端著個超級大的茶杯，按時來到會場。杯子裡泡著近乎發黑的釅茶。他挑一個靠窗的位置坐下，不與人交談，獨自吸煙，喝茶，聽報告。非常準時地來，會議結束立刻離開，頗有點仙風道骨的意思。旁邊的人指指點點，說，那就是汪曾祺。參加會議的人，一般都是兩個人一間屋，為照顧汪曾祺，給他一個人安排了一間屋子，就在潘蕪房間的斜對面。每天晚上，很多年輕人都聚到那個屋子裡，向汪曾祺請教，歡聲笑語陣陣傳來。國華問，你和汪曾祺談了些什麼？答曰，我們沒有交談，他周圍有那麼多人。潘老說，在吉林文壇這些年，自己從沒主動跟誰套過近乎，無論他有多大的名聲，他是多大的官。但潘老把汪曾祺所有版本的書幾乎都收集全了。

二是關於藏書。潘老說，自己有兩位老朋友，買了很多書。但他們去世後，畢生積累的書都被子女賣了。他就曾在舊書攤上買到過老友的書。說到這裡，潘老有些傷感。「我一輩子愛書、藏書、買書、寫書，積攢了好幾萬冊書，在我百年之後，它們該怎麼辦呢？」老人引用了《紅樓夢》中林黛玉的一句詩：「他年葬儂知是誰？」為了搶救潘老的藏書，長春市圖書館專門建立了一個「上官纓藏書室」，把他的上萬冊藏書陸續運到了圖書館。後來，德北、國華和我吃飯時談到，藏書家的書在身後流入民間並不是件壞事。誠然，有的也許會被送到廢紙廠回爐，但大部分都將零散地進入其他愛書者的書房。願意花錢買下這些書的，一定是因為喜歡。這些書重新找到了知音，擺在書架上，並沒有死去，它們還會好好地活著。它們比被送到圖書館束之高閣更有價值。願潘老不要再為他那些書擔心。

三是過去和現在。潘老說，自己想寫篇書話，不知道國華所供職的報紙能不能登。國華連連答應，能，能。潘老說，上世紀五十年代，寫了稿子就投給北京的《新觀察》、《說說唱唱》等報刊。有些真的發出來了。前幾年見到鄧友梅，潘老提到，對方當年在《說說唱唱》上編發過自己的稿子，鄧友梅還記得文章的題目。潘老感慨，自己年輕的時候，不知深淺，只想在大報大刊上發表文章，現在能在《城市晚報》上發個稿子，自己就感覺不錯了。我們三人都有點心酸。是誰把文化老人們的文字逼到了這個地步上？不是他們自己，一定還有外力。隨著年代的更迭，一些價值觀發生了變化，但還應有一些亙古不變的價值觀存在。

四是關於梅娘。潘老說自己前些年在舊書鋪買到一本偽滿時期梅娘的集子。出這集子時梅娘在日本，本人也不知道有過這冊集子。潘老將此集複印後，自己留了複印本，原本寄給了梅娘，梅娘非常高興。潘老說，梅娘比自己大十多歲，雖然她出身富裕的大家庭，但為了投身革命放棄的太多。而革命成功後，她受的磨難也太多。後來雖然落實政策，但可能還沒有自己的待遇高。自己從小讀她的文章長大，對她非常敬重，能為她做些事很高興。潘老和梅娘先後通信二十多封。潘老說，梅娘的字很娟秀、漂亮。

我這次到長春與潘老相晤，距我和潘老上次聚會已隔了五年，他端詳了我一會兒說，筱強沒有那年好看了。我笑了笑說，因為我當時比現在胖些，顯得年輕。並趁機說，潘老，我們想請你出去吃點飯，行嗎？潘老說，我有糖尿病，已有幾年不出去吃飯了。我們只好作罷。

在和潘老敘談期間，潘老的小公子從外面回來。據潘老講，小兒子沒工作，自己開了一家舊書店，也在孔夫子網上經營。我說我知道，我還在他的網店買過不少書呢。在我們即將離開時，潘老的小公子熱情地送給我兩本書，並邀我再來長春時到他的書店看看。他送我的兩本書，都是北京燕山版的外國名著系列，一是《羅曼・羅蘭作品精選》上、下冊，一是《雪萊詩歌選》。

離開潘老家時，我注意到他住在一樓的南陽臺前，葡萄架綠葉成蔭，安靜得像這兒的主人。

懷念上官纓

老作家上官纓（潘蕪）於四月十六日因突發心梗去世了，聽到這個消息，我很震驚，也很悲痛，不禁憶起與潘老相識相交的一點兒舊事。

結識潘老，是在二〇〇三年白城市文聯召開的第二屆「綠野」政府文學獎頒獎會上，我獲了銀獎，潘老是特邀佳賓。中午宴飲時，潘老沒有應當地官員之邀，而是與我們這些年輕人在一起共進午餐。飯後，潘老和我合影留念。隨後的幾年中，我和潘老每年都有或多或少的通話，互道一聲問候。在這幾年中，潘老先後贈我《東北淪陷區文學史話》和《描紅集》二集。去年，我又得到精裝本的《上官纓書話》，厚厚一巨冊。潘老的這幾本書，對我後來搞書評書話寫作是有啟蒙意義的。

二〇〇八年夏天，我領女兒到長春小住了三天，期間，我專誠去看望了潘老。潘老七十八歲了，一頭銀髮，雖行動已較遲緩，但還是堅持出家門很遠來接我們。到潘老家，潘老送給我的女兒一本上世紀七十代版的《木偶奇遇記》，三本硬面精裝的童話，讓我的女兒欣喜雀躍。我們敘談了近一小時。在交談中，潘老說自己非常喜歡汪曾祺的作品，自己把汪曾祺所有版本的書幾乎都收集全了。潘老還和我提起他與作家梅娘的交往。前些年，潘老在舊書鋪買到一本偽滿時期梅娘的集子。出這集子時梅娘在日本，本人也不知道有過這冊集子。潘老將此集複印後，自己留了複印本，原本寄給了梅娘，梅娘非常高興。潘老說，自己從小讀她的文章長大，對她非常敬重，能為她做些事很高興。

和潘老的長春相晤，距上次聚會已隔了五年，他端詳了我一會兒說，筱強沒有那年好看了。我笑了笑說，因為我當時比現在胖些，顯得年輕。看潘老興致很好，我趁機說：「潘老，我請你出去吃點飯，行嗎？」潘老說：「我有糖尿病，已有幾年不出去吃飯了。」我只好作罷。在和潘老敘談期間，潘老的小兒子從外面回來。據潘老講，小兒子沒工作，自己開了一家舊書店，也在孔夫子網上經營。我說我知道，我還在他的網店買過不少書呢。在我們即將離開時，潘老的小公子熱情地送給我兩本書，並邀我再來長春時到他的書店看看。他送我的兩本書，都是北京燕山版的外國名著系列，一是《羅曼・羅蘭作品精選》上、下冊，一是《雪萊詩歌選》。現在我還記得，離開潘老家時，我注意到他住在一樓的南陽臺前，葡萄架綠葉成蔭，安靜得像這兒的主人。

在潘老生前，雖然我只與他相聚暢談了兩次，但我從心底感受到潘老的為人與他的道德文章一樣，是那樣的讓人如沐春風，甘之如飴。潘老一生愛書如命，買書、藏書、讀書、寫書構成了他跋涉人生的主題曲。現在，潘老離開人世了，這又讓我憶起在與潘老談話中他不無傷感地說：「我一輩子愛書、藏書、買書、寫書，積攢了好幾萬冊書，在我百年之後，它們該怎麼辦呢？」想起這些，我不禁淚水盈眶了。我尊敬的潘老，我想，像您那樣擁有純淨如雲的靈魂的人，在天堂一定會依然有書香相伴的，只有這樣，您清澈如水的心靈和慈祥的眼睛才不會寂寞孤單啊。

隔海的詩緣

——我和臺灣詩人涂靜怡女士的書信散札

大約是二〇〇六年年底吧，在湖南詩人吳昕孺的紹介下，我得到了臺灣《秋水》詩刊的地址，並將自己的數首屬於寫實或反諷風格的詩歌用航空郵件寄給了詩人涂靜怡女士。不久，我即收到靜怡女士的回信：

筱強詩友：

你好。

謝謝你的惠稿，我都一一拜讀了。但你的詩，不夠唯美，無法達到我們取稿的要求，所以未能錄用，很抱歉！

我想問題是出在用字上，我們要的詩，在用字上，一定要抒情些，唯美些，而你的詩是屬於比較寫實的。我用航空寄一本剛出版的一三二期《秋水》給你，也許你讀了就能明白，我們要的是什麼樣的作品了。不是你的詩寫的不好，是我們詩刊要的風格不一樣。請你別介意。

你可以稱我為「女士」或「主編」，我不很喜歡有人稱我「阿姨」，包括吳昕孺在內。

新的一年祝你事事順心，一千個祝福。

涂靜怡

二〇〇七年元月二十五日

靜怡女士的字娟秀典麗，儀態天具，一如她用的素雅信箋和明淨如雨後天空的詩歌。收到此信後，我才知她三十年如一日奔波勞頓、竭慮殫精，使一份純粹民間的《秋水》詩刊堅持辦刊至今。同時，我也深深地為涂靜怡女士的真誠感動，遂又寄去數首自己寫的抒情氣息較濃的詩歌。二〇〇七年七月，靜怡女士的一紙素箋又飛落案頭：

筱強詩弟：

你好嗎？因為熱情的《秋水》詩友稱我為「大姐」，所以我也認為這樣稱呼很親切，便不管年齡的大小，可愛的、喜歡《秋水》的朋友，便一律稱我為「大姐」了，你願意嗎？

一三四期的《秋水》已付印，我發了你的那首〈重逢〉，下星期便出版，我會用航空為你寄。屆時不再寫信了。想為每一位走入《秋水》的朋友建檔，請你用手稿填一下這份資料好嗎？並請在右上角貼一張您的照片，如果可能，也請再提供一、二張生活照給我，那就更生動了。

一千個祝福，謝謝你喜歡《秋水》。

涂靜怡

二〇〇七年七月十六日

接到信後，我立即按照靜怡女士的叮囑，將她隨信寄來的表格認真填好，連同兩張生活照一起寄去，並表達了想收存一本她的詩集的願望。時過半月，我即收到一三四期《秋水》，在上面看到了自己第一次在臺灣發表的小詩〈重逢〉：

那是炎熱的夏天
輕風
拂動花格的窗簾

我們圍桌而坐
構成規則的圓形
啤酒的心情
馥鬱熟悉的面孔
如許多疲憊的船
沉默地回到最初的岸

舒緩的薩克斯細敘
多像一隻七彩的色盤
我們已不能為歲月而歌
在八月詞語發黴的日子裡
我們

像一群受傷的孩子
風霜雪雨過後
不再掩藏憂傷的臉

同年九月，靜怡女士恪守「每信必覆」的信念，給我回函云：

筱強詩弟：

你好。

寄回的建檔資料收到了，真謝謝你提供了二張很俊秀的照片，這些資料都要珍藏在「秋水詩屋」裡，等你將來有機會來臺北，說不定會來我們的「詩屋」，就可以看到了。

我手上的詩集都送光了。主要是二〇〇〇年出版的《紫色香囊》，都七年了。我的作品寫的很少，一個人編一本詩刊又要寫別的文章、審稿、回信，退休前還要工作，真正屬於我的時間很少。不過，二〇〇八年會出詩集，再設法為你留一本好了。事實上，寫詩很辛苦，出版詩集很不容易，通常出版社只給作者二十本書，不夠的，都要自己買。詩人因為注重心靈的「財富」，在現實生活裡多半很窮。我不很健康，年紀大了，力不從心，又要追求完美，苦了自己，也讓關心的詩友一直擔心。

秋天了，祝你秋日一切順心，一三四期《秋水》該早收到了吧？我是親自用航空郵寄的。

涂靜怡

二〇〇七年九月一日

二〇〇七年十月，靜怡女士又將一三五期《秋水》寄給我讀，並短札一函：

筱強詩弟：

你好嗎？

新一期的《秋水》出版了，用航空為你寄一本，因為稿擠沒有安排你的作品。下一期再刊你的〈這一年秋季遙遙無期〉，請期待。慢慢欣賞。

一千個祝福。

涂靜怡

二〇〇七年十月二十五日

二〇〇八年春節前，我收到一三六期《秋水》和靜怡女士的便箋：

筱強詩弟：

新年好。用航空為你寄上新一期的《秋水》，內有你的作品，請慢慢欣賞。下一期準備用你的另一首〈春天〉，請期待。

這一期還有艾蒿的作品，是你把《秋水》推薦給他的嗎？

新的一年祝你事事如意，謝謝你喜歡《秋水》。

一千個祝福。

涂靜怡

二〇〇八年元月二十日

在一三六期《秋水》上刊登我的那首小詩是〈這一年秋季遙遙無期〉：

這一年秋季遙遙無期
紛紛揚揚的文字收藏了
我塵世的面容

我已無數次用淚水浸漬
你美麗的名字
你不會知道
我用詩歌編織的祈禱
已注入佛心

而你有約不來
秋季遙遙無期
我仰望的心情期冀
果實光芒的墜落

待我俯首時
滿地飄落的
是我凋零的佛心。

在一三七期《秋水》上刊登我的那首小詩是〈春天〉：

春天啊，我已承受了多久
這心中月光般洶湧的憂愁
如同一場經久不息的風
吹亂長髮披垂的肩頭

又是春天，又是一壺濃烈的老酒
在草原的邊緣，小鎮像枚印章
刻在我的背上
猶如不繫之舟

馬頭琴依然在風中彈奏
而我，一個遠離故園的浪子
只有一把黃土貼在胸口
彷彿悄無聲息，又似低低怒吼

歲月啊，無邊的大海
哪一座燈塔為我照亮雙眼
哪一座島嶼為我展開衣袖
在春天眩目的綠色中

有多少歌手舞蹈其中
有多少精魂閃爍依舊
就讓我且歌且舞高舉火焰吧
迎著漫漫長路把天涯背走。

先後收到靜怡女士的書信後，我便急於想給她寫封回信和新年賀卡，以表誠摯的敬意和謝意。可不知是何緣故，我居住的小縣郵局直到我寫下此文為止，一直不出售航空信封，因而迄今我無法向靜怡女士道聲隔海的問候和無盡的祝福。

正當我為自己不能給靜怡女士回信而心懷愧疚的時候，二〇〇八年七月十八日，我又驚喜地收到靜怡女士通過海陸郵來的詩集《回眸處》，我在當天的日記中這樣記道：

> 今天收到臺灣女詩人涂靜怡寄來的詩集《回眸處》，這不僅是我收藏的靜怡女士的第一本詩集，而且也是第一本臺版書。這是一本帶有素描的詩集，詩畫全為靜怡女士一人操刀。全書由魯蛟作序，共分五卷：午後雨，詩的窗口，布拉格，世俗之外，中詩英譯（涂靜怡作，胡品清譯），另有附錄八則：錢志富、琴川、張堃寫的評論和夏悲秋寫的詩，靜怡女士寫的〈詩緣深深〉和〈後記〉，及涂靜怡書目和得獎紀錄。出版社為臺北漢藝色研文化事業有限公司，定價新臺幣二百九十元。靜怡女士在書扉上題識：「筱強詩弟惠正，涂靜怡，二〇〇八年六月十七日於臺灣臺北市。」並鈐有浮水印「靜怡」。靜怡女士的詩，澄澈清麗，唯美純淨，讀之讓人心胸疏朗並充滿生的喜悅。

一九四一年出生在風景秀麗的臺灣桃園縣大溪鎮的涂靜怡，是臺灣詩壇的一棵常青樹，已在臺灣和大陸出版詩集、散文集和詩畫集二十餘種，自云「擁有一顆善感的心，喜歡織夢，喜歡享受孤獨，愛詩，也愛畫畫和一切美的事事物物。」認為「詩是我的代言，也是我心靈的小屋，更是我閨中密友，我的喜，我的憂，詩替我表達，密友與我分享。當我在現實生活裡遭受到挫折時，詩是等我回家的那盞燈，慰藉我創傷的心靈，也美化了我的人生。」面對這樣一位讓人肅然起敬的慈藹長者，「青春永在眉宇」、「詩意長留心間」的「詩姐」（請允許我冒昧而親切的稱謂），作為與她因詩結緣的詩歌路上的後來者，我除了認真把詩寫好之外，也真誠地祝福她在自己苦心經營的「秋水詩屋」裡繼續把美好的人生長歌、把世間的真情長詠，就像她守望的大陸，我眺望的臺灣，以及夜夜伴我們入夢的不眠濤聲。

二〇〇八年七月二十八日寫畢
暑熱難熬，汗流浹背

關於左手的一些追思斷想

在我的閱讀視域內，白城這塊風沙肆虐的鹽鹼地，純粹的詩人並不多，能夠以詩歌為生命的詩人更為鮮見，大安女詩人左手是其中屈指可數的一位。在這個人們充滿收穫喜悅的秋天，和我同齡的她卻被上帝收去，我的內心一片悲傷，不禁憶起與她有關的一些詩事，殘簡斷章，記下以為紀念。

一

我與左手從未謀面，但書翰、網路、電話交談數過，議論所及，多以詩歌為題。二○○五年，左手與其兄長郭永志共同創辦了「根——中國文學論壇」，邀我為詩歌版的版主，雖然我難卻盛意勉強應下，但由於俗務纏身，當了近一年的不稱職的版主，而左手從未因我的疏於勞作而生慍意，這令我深感愧疚。值得一提的是，左手對我的詩歌寫作讚賞有加，時常讓我對她的一些新作提出意見，我則總是不客氣地「好為人師」，按照自己的理解激揚臧否，左手無論贊同與否，總是有批判地笑納，這又讓我對她的謙虛品質和堅守自己的詩歌理念充滿敬意。

二

生於大安農村的左手天資聰慧，八歲即開始習詩。我們有了聯繫後，她送了我兩本詩歌集子，一是《心靈草稿》，一是《曾是潮汐》。左手早期的詩歌，鄉土氣息撲面而來。她與生於斯長於斯的故園和土地有著天然的、不可分割的血脈情緣。她在自己的處女詩集《心靈草稿》一書中就有這樣清澈的詠唱：「老爸的胡茬子／是從鹽鹼歲月裡移來的根」（〈根〉）；「老馬鞭斷開歷史的彼岸此岸／瘦體長長的一段生銹的灰影」（〈半截老馬鞭〉）；「一下雨，就想起家／／如今的土房還漏嗎／雨後可有晾乾的燒柴？／大雨如注／恍惚有母親的聲音」（〈一下雨，就想起家〉）。在左手數篇關於故園親人的詩歌中，我尤愛一首名為〈墓地紀念死者〉的小詩：「我家的地頭／埋著爺爺的墳墓／爺爺的一切／變成了黑土／黑土裡的莊稼根須／恰似爺爺的白骨／我和父親／是爺爺留給世間的種子／繁殖著他的相貌和勤勞」。讀這首簡潔如刀削的口語化的短詩，我們會發現，熱愛生活的左手，已在自己最初的歌唱中注入了對生命的終極關懷。這首看似冷峻實則情感豐沛的小詩，會讓人情不自禁地想到那來自俄羅斯女詩人風琴般的低吟：「當牛蒡在山谷中沙沙作響／一串黃紅色的漿果點頭／我寫下歡樂的詩篇／為這必死、必死而美妙的生活。」（阿赫瑪托娃〈我「已學會簡單、明智的生活」〉）

三

左手二〇〇七年初到長春，這對於她來說，是一個生命的拐點。這一年，在詩藝上，她一日千里地提高，詩歌〈小孩哭了〉不僅在《詩選刊》上發表，還被中國作協創研部編選進《二〇〇七年中國詩歌精選》一書之中。在生活中，她遭遇了兩大變故，讓我們這些好友猝不及防：一是婚變，一是她身染惡疾。我至今都無法想像，作為一個弱女子，純淨善良得如一壇清水的左手，在面對詩歌的春天的同時，如何承受生活的嚴冬和黑夜？現在左手去世了，我才發現她在一九九八年寫下的一首短詩，真是如同讖語：「第一次流淚你心疼我／第十次流淚你哄我／第二百次流淚誰來管我？」（〈結婚以後〉）重讀此詩，我潸然淚下。

四

左手剛到長春時，她的生活是充滿陽光的，因而也十分惦念遠方的詩友。我居僻遠小縣，幾家可憐的小書店所售之書乏善可陳。左手知我讀書趣味蕪雜，嘗購一冊英倫才子阿蘭·德波頓的《身份的焦慮》貽我，讓我度過了一個春天的的陣痛與迷惘。現在，這本見證樸素真誠友誼的小書，因左手的辭世，成了我書齋中至為寶貴的珍藏。

五

左手身體健康的時候，我感覺她是一個樂觀而單純的女子。雖然我們同齡，被人稱為所謂的「七十後」，但在心智上，左手的澄澈明淨真的讓我感到自己確實是「泥做的」胎身。她居大安時，我有時在電話中騙她：「明天我去大安」，她常常信以為真。她遷居長春，一次我因單位有事匆匆路過長春，待回到通榆家中後，才打電話逗她：「我剛到長春。」她興奮得如同一個孩子，說馬上到車站接我，我不忍心再騙她，只好老老實實告訴她路過了長春現已到家，她便不停地埋怨我應該到她的新家坐坐。現在回想起來，真誠熱情的左手，有著敏感詩心的左手，乍到省城，心靈一定是有些孤單吧。

六

有時我想，以詩歌為生命或把詩歌作為生命中重要組成部分的人，在本質上是孤獨的。只有詩歌，才能抒寫自身對世界的感知、熱愛和觀照。早期的左手，寫詩是為了表達對生命和生活的讚美；罹患癌症之後的左手，我想寫詩應如大畫家梵谷所說的：「我拿起畫筆無非是為了讓生命能支持（忍受）下去。」而讓我們驚異和倍感安慰的是，晚期的左手，在承受黑暗逼近自身存在的過程中，用自己獨特的詩歌聲音頌揚了生命的高貴和對生活的無限渴望。如她那首精於細節、飽含母愛深情的〈小孩哭了〉：「那兩顆大淚，看上去那麼晶瑩，那麼清澈，那麼柔軟和／富於彈性，我的愛輕輕觸摸著／那淚花本身就是詩意，它呼應著母愛的詩意／我在這對峙而靜寂的感情中感受：驚喜、幸福和／安慰——她低垂的眼神，她發熱的臉蛋，她髒兮兮的手指她勉強馴服的對齊的雙腳……哈！我周遭充滿淘氣／而生動的生命，我注視這小人的心跳，心潮美好，感到／甜而濃的愛正順著山坡的溪水流淌……不，母親這個詞／不必驚歎，世界這個詞不必驚歎，重要的僅僅是與這小人間／那種天倫的醉意與波瀾。」

七

又一個澄紅色的黎明到來了，寫下這些文字時，我正在秋天的鄉下。窗外，天空蔚藍，群鳥亂飛，木葉初凋，門前的楊樹林塗滿了鮮亮如昨的陽光，田野一派豐收景象。我此刻的心情如秋風激蕩，又如秋雲安寧。在這個秋天的早晨，我想起左手那些傾心描畫鄉村的詩句，想起她隨手勾勒的素描……想起這些，我的耳邊便響起里爾克讓人悲痛的句子：「誰此刻在世界某處死去／無端端在世界上死／眼望著我」（〈嚴重的時刻〉）。左手，我不曾謀面的詩歌摯友，願你在天堂擁有塵世無法獲得的快樂與幸福！

二〇〇八年十月一日至五日

斷續寫畢於曾經居住的鄉下，心境黯淡

像螞蟻一樣勤勉的人

我和袁毅的相識，緣於已逝散文作家葦岸先生的引薦。還是一九九七年十一月底，袁毅因其編輯工作的出類拔萃榮獲《小說月報》第七屆百花獎中的優秀編輯獎，他赴京領獎順路去昌平葦岸先生家小住了一宿。他們之間友情深厚，因而葦岸先生便將我給他的信札和詩歌作品薦給袁毅看。袁毅選擇了其中的〈黑夜之歌〉，在場的詩人黑大春也認為這首詩較好。袁毅返回武漢後在自己主持的《武漢晚報》「白雲閣」文學版上編發了這首小詩。由此，我們之間便有了時斷時續的的聯繫，一則他的工作忙，二則我亦為平凡的生活勞碌奔波。

我們的聯繫開始頻繁起來是在一九九九年的春天。這個春天，葦岸先生突患肝癌，令我們這些朋友猝不及防。在葦岸患病期間，我寫了一首小詩〈短歌〉（兄長　為什麼你總是滿懷深情地背回這些木頭）送給葦岸。病中的葦岸閱讀此詩喜愛有加，並委託詩人黑大春囑我將此詩寄給袁毅。而我的詩剛剛寄出，便傳來了葦岸匆匆辭世的消息。這首小詩在六月二日與袁毅的懷念長文〈葦岸先生走了〉一同刊在《武漢晚報》上，獻詩成了悼詩，葦岸先生未能看到它的發表。當時我看著樣報，心想我和袁毅的悲痛一脈相通。此後，我又在無限緬懷中寫了日記體長文〈永遠的懷念〉寄給了袁毅。袁毅讀後大為感動。他在給我的電話中說準備編一本葦岸先生的遺文並附錄友人的懷念文章，想把我的這篇納入其中，我當然非常高興，因為葦岸先生的為人為文風範後繼有人，他在激勵著友人向前行。袁毅問我這篇手稿是否留有底稿，我告訴他沒有留。隨後，他便複印了一份給我。從這件事上我感到袁毅是一個做事非常認真的人。

作為葦岸先生的好友，袁毅具備著與葦岸相似的品質，那就是不遺餘力地扶掖新人。二〇〇〇年春，袁毅囑我在已寫的詩中擇出自己最滿意的一首來，並準備配以相應的評論，在他的報紙上刊佈。我於是翻撿舊作，去蕪存菁，將〈短歌〉（說一聲野鴿子帶我上路吧）一詩修改數遍，並請北京作家寧肯寫了一則短評〈質樸本真的詩歌〉一同寄去，袁毅將詩和評論一同編發在二〇〇〇年五月二日的《武漢晚報》上。我當然明曉袁毅的良苦用心，他是盡自己所能幫助我提高在文學領域中的知名度。在這物慾橫流的當今社會，這種默默無聞的鋪路石精神真是讓人除了感動還是感動。

二〇〇一年七月，袁毅選編的葦岸遺著《上帝之子》問世，其間的辛苦勞頓可想而知。正如袁毅在這本書的編末引用魯迅先生的話：「收存亡友的遺文，真如手裡捏著一團火，給它企圖流佈似的。」袁毅編迄此書，也算了卻了葦岸及其家人的一份心願。

同年十一月，袁毅給我寄來了他自己的詩集《愛的迷途》。在這冊小集裡，收錄了作者年輕時的詩作一百餘首。作為一個創作階段的總結，袁毅表達了這樣的美學理想和詩學觀點：「一次真正的寫作，是對人與事的回憶與冥想，是與繆斯的邂逅與戀愛，是靈魂的傾訴與吟唱。」「就詩的內在一質而言，我以為生動的意象、純淨的語言、憂鬱的哲思才是詩歌的個中三昧。」我認為這樣的觀點是詩人的袁毅真情流露與深思之後的凝結。無疑，這樣的觀點及詩文讓我更加喜歡袁毅其人。

荊楚大地多奇才。袁毅，二十世紀六十年代生，先作教師後從報務，在長江的波濤聲裡，一邊以敏銳的眼光，謙卑的姿態在「白雲閣」裡經營著不同凡響的事業，一邊在陋斗室中以黃燈為伴，為人生、為生命、為生活寫出動人的詩篇和佳章。他的為人為文，讓我想到做事勤勉的螞蟻，我從內心敬重這種精神，因為這種精神是這個世界的信心和靈魂。

永遠的懷念

——關於葦岸的日記

一九九七年十月十六日

這是值得我一生紀念的日子，因為我收到了葦岸的第一封信。他在信中寫道：「這是個體之間通過文字產生的一種呼應，我尊重和珍視每一顆這樣的心靈。」（此前，我和葦岸素不相識，我是在一本書上讀到他的作品後按照上面的位址寫了感想給他。）

結識一個具有樸素、寬厚、善良情懷的作家，會使你整個生命充滿了亮色。葦岸閱讀淵博，作品厚積薄發。他的第一封信，除了讓我感受到陽光般的勉勵，還有他用詞的簡潔。

一九九七年十一月十一日

葦岸郵來他的散文集《大地上的事情》，裡面收有他的五十則隨筆和若干散文以及一些懷念友人文章、四十則作家生涯。這是創作的一個階段性總結。葦岸的理想是「通過其作品，有助於世人走向『堯舜』或回到童年。」

葦岸是一個十分成熟的作家，他的散文語言簡潔、洗練，充滿了愛的氣息。麻雀、胡蜂、遙遠的邊疆和與自己密切相關的親人朋友，在他的筆下，都是那樣地令人徊想。可以說，他的文章已和民間、大地建立了血脈相融不分軒輊的關係。

讀葦岸的散文，你會深深地感到：作為一個生存人間的平民是幸福的，就像一棵生長的白樺，對生活和未來充滿信心和希望。

一九九七年十二月十四日

葦岸來信。他已將我的詩〈黑夜之歌〉推薦給《武漢晚報》的編輯。在這封信裡，他為我介紹了一個新朋友，詩人黑大春——一個被葦岸在作品中親切地稱為「最後的浪漫主義詩人」、「中了魔法的漂泊者」。在葦岸的思想裡，懷著這樣的寬厚意識：如果我為詩人或作家做了什麼，我認為我不是或不單是幫助他們，而是幫助了文學本身。在今天，能具備這種鋪路石精神的人本身就流溢著聖潔的光輝。現在想來，葦岸之於我，一如當年趙一凡之於一平，周郿英之於黑大春。從這開始，我和詩人黑大春建立了親密的友誼。正如帕斯所說：「詩把一切詩人變成了兄弟。」

一九九八年七月三十一日

讀梭羅的《瓦爾登湖》。這是一本對葦岸影響巨大的書。它促使葦岸從詩歌轉向散文，因為當他「初讀這本舉世無雙的書時，我幸福地感到，我對它的喜愛，超過了任何詩歌。」在我讀完《瓦爾登湖》的當天日記中寫道:「《瓦爾登湖》像一股清澈而古典的泉水，從頭到腳洗淨了我，我的內心一片明亮和幸福。」

這本書是當年海子推薦給葦岸的，現在葦岸又推薦給我，我認為這是一種神示。關於梭羅，葦岸在〈詩人是世界之光〉一文中作了較全面、精闢的敘述，我把這段話轉錄如下，因為梭羅是閃耀在我們頭頂的亮星：

亨利・大衛・梭羅，美國作家，生於馬薩諸州康科特鎮，愛默生的朋友和門生，超驗主義精神的踐行者，一個把思想與人生完美結為一體的人。為了試驗人除必須的物品，其他一無所有也能在大自然環境中愉快生活。一八四八年七月四日，二十八歲的梭羅提著一把斧子，隻身來到康科特郊外林中瓦爾登湖邊。他用林木造了一間小屋，小屋寬十英尺，四壁開窗，大門朝向湖面。他在這裡種植，閱讀，思考，寫作，整整住了兩年。他的木屋接待了從逃亡奴隸到哲學家各式各樣的客人，從未丟失過什麼。只有一次，來客帶走了他的一本希臘詩文集。此事使他得出了這個結論：人類中唯一不能信任的人，就是那些喜歡書籍的人。兩年自給自足的湖畔生活，他寫出了被稱作超驗主義聖經的重要著作《瓦爾登湖》。

一九九八年八月十五日

收到葦岸回信。對於我一邊教書、寫作，一邊種地的生活他深為讚賞。他提到了日本作家德富蘆花和芬蘭作家耶爾內費爾特，他們都是受託爾斯泰的影響而返鄉躬耕田園。

葦岸的身體狀況令我擔憂。他一米八十的身材，體重只有一百一十斤，造成這樣是因為他素食，長期腦力消耗，消化系統脆弱。雖然今年入暑以來吃了四十帖中藥調理，但效果並不理想。每寫完一篇東西都會明顯地消瘦。他自己說這是一種宿命。

一九九九年四月二十七日

詩人黑大春來信。信中夾有葦岸贈我的一幀照片。是葦岸、食指、寧肯、馮秋子四人在北京第三福利院的合影。葦岸身材頎長，比我想像的更瘦削。

我是在四月十六日收到河南女詩人藍藍的來信，才知道葦岸患了肝癌的。當時我懷著憂傷的心情給他寫了一封並不十分憂鬱的信，鼓勵他堅定信心戰勝病魔。我始終在心裡認為他會沒有事。但黑大春在信中說葦岸化療後下樓已很費力。大春說葦岸對我贈給他的小詩〈短歌〉尤為喜愛，認為這是天賜，與私交題贈無關。

一九九九年五月十九日至二十日

十九日黃昏，我正在園子裡栽種菜苗，突然接到黑大春從北京打來的長途電話，劈頭就說：「筱強，情況很不好。」我的心便一沉。大春告訴我，他剛從昌平探望葦岸回來，葦岸已處於昏迷狀態。他詳細地介紹了一些具體情況：葦岸的病在今年正月初八就已確診，之所以一直未給我信，是他不想驚動太多的朋友為他擔心。葦岸自己也很樂觀，患病後仍惦念讓我去北京一趟，路費由他和大春安排，因為他知道我的條件不好。我一邊聽著大春的敘述，一邊忍不住流下淚來。

二十日晚，黑大春又打來電話，說葦岸已於昨日（五月十九日）晚六點三十分在昌平縣醫院病逝。我只感覺腦袋一陣暈眩。雖然我已做好心理準備，但一時仍無法接受這一事實。大春在電話中聲音嘶啞：「建國（葦岸原名馬建國）生前留下遺囑，將他的骨灰灑在通往自己故鄉（昌平縣北小營村）的路上。」是啊，一塊墓碑怎能容下這樣一顆寬厚的靈魂呢？

葦岸一生的創作，飽含了對大地和大地上的事物的無限關懷。可以說他是大地當之無愧的赤子。他以自己博大的愛心使自己出類拔萃，使自己成為一個真正的「人類增光者」。他的去世，使我們失去了一顆善良的心，我們的心靈為之一暗，大地母親無語垂淚。

最後，我把那首贈給葦岸的小詩抄錄於後，以緬懷我這位從未謀面的兄長：

兄長　為什麼你總是滿懷深情地
背回這些木頭　在冬天的雪線之下
你的目光不比一隻鳥的渴望更深
像今天淩晨　我依舊
舉起斧子劈柴
依舊將爐火燒得更旺
靜靜等待偶爾路過的人們
走進我們的房門取暖

兄長　你躺在土炕上
那月光下的樹　是你生長的歲月
你是否在冬天的夜裡想起了
另一個你的一生　另一幅圖景
是否依舊有群鳥棲落的垛垛乾柴

是否依舊有群鳥棲落的垛垛乾柴
在寂寞而清貧的寒夜
以它們溫暖的獻身
把窮人的家園照耀

一九九九年五月二十七日整理

在「碧綠與蔚藍」中放馬讀書

——關於張阿泉的散札零墨

一

與內蒙古的作家、書愛家張阿泉互通音問始於二〇〇一年歲末。當時我在鄉下的一所中學當教員，平日除卻日常的瑣碎教學課業，自己仍堅持邊讀邊寫的積習，單位訂閱的《吉林日報·東北風》副刊每週必看。記不清是哪天的報紙了，刊發了阿泉的二則精短讀書札記，讀後內心有說不出的喜歡。也是緣份，不幾日，仍是《東北風》的二版上，刊登了成都作家殷世江的一篇散文，述及與阿泉的友誼，並提到了阿泉當時的工作單位——蒙古自治區赤峰電視臺。由於此前對阿泉的小品文已有了印象，遂產生了想與之結識的願望。況且，赤峰與我生活的吉林通榆距離不是特別遠。於是，我便寫了一封信給阿泉。過了些日子，阿泉的回信與他贈送的題有〈筱強先生燈窗閒讀〉的散文集《躲在書籍的涼蔭裡》一併飛落案頭。阿泉在信中寫道：「很願意與你成為朋友。拙著《涼蔭》寄上。我與葦岸不相識，書內卻有一篇紀念他的長文，你可以看看。」阿泉的信和贈書為我鄉下枯索單調的日子增添了許多亮色。讓我一見如故並喜歡的，不僅僅是阿泉「清如山泉」、「淨如冬雪」的文字，還有那幅阿泉「一頭水墨般的長髮，身著黑白格子短袖衫，斜倚木椅」的照片（襯以成都六場絕緣齋的書香背景），讓我長久凝視。阿泉的氣質與風神，有些神似詩人徐志摩（四川大學教授張歎鳳語，不料竟廣為傳播，阿泉本人並不完全認同）。

為了表達我的欣悅之情，我寫了一篇名為〈枕前留夢有阿泉〉的讀書記。此文後來在《青島日報》讀書版刊登，成為我們如泉水般長流的友誼開始的見證。

二

讀了阿泉的〈《董鼎山文集》綴語〉一文後，我知道矚目董氏文章的泉齋裡還沒有《第三種讀書》一書，剛好我手頭有此書複本，隨即掛號給阿泉寄了去，以表達對阿泉贈書之誼的回饋。

得到此書，阿泉用細長且窄的便箋寫了一封來信：

> 信、贈書均已收到，勿念。聽說過湖北出了葦岸紀念集《上帝之子》，一直未遇見。應該有一些鄉土風景的插圖罷！希望有機會得之，與《大地上的事情》並讀並存。董鼎山先生的《第三種讀書》亦好，泉齋未存，感謝良友讀書心細，「投之以木瓜」。只該書印裝粗糙，我修整半晌，方覺心安。《涼蔭》中提到的即是此冊，《第三種讀物》是我誤記了。鼎山這樣的讀書大家，其大著真是得一本是一本。住鄉下，雖寂寞，文化落後，卻可接近自然，民風也淳樸。只是不要被地域所限，假期要常出來旅行。隨信寄上舊作《掌上珠璣》精裝本一冊，聊作冬天的一角風景略賞。

隨此信一起寄來的，即有阿泉提到的他的精裝本散文隨筆集《掌上珠璣》，內蒙古人民出版社一九九八年一版一印。這本小書，由作家伍立楊、龔明德、曾紹義三人作序，作家張放（張歎鳳）兩信代跋。該書共分五輯：第一輯「略帶詩意的散文」，收入阿泉年輕時寫的散文詩，計三十篇，均透出阿泉「短悍晶瑩」的寫作風格；第二輯「學子讀書札記」，收入十五篇阿泉讀書買書文章；第三輯「眉短眉長」，收入六十四則「書衣題跋」，彰顯出阿泉書愛家的本色（正如龔明德先生所說的：「寫得入味，有韻律、有情趣、有色彩，是性靈之現，學是學不來的。」）；第四輯「電視邊角」，收入阿泉作為電視編導所寫的三篇電視專題片解說詞，不僅是作家「喜愛有加」、「不忍捨棄」的文字，更傾注了作家「聊寄往事不再、年華逝水的回望和遙憶」的深情；第五輯為「特輯」，收錄了六位舊雨新知撰寫的關於阿泉的評介文章，篇篇耐讀，雅人深致，感人心肺，其中劉東河君寫的〈在山泉水清又純〉一文印象尤深，私下認為此君當為阿泉的知音（果然，阿泉後來寄給我的劉東河君寫的〈阿泉：在古典主義的情懷中老了〉一文，印證了我的感覺。劉東河評價說「阿泉的古典主義情結，是感傷的浪漫，是精神貴族的自尊與破落。……說到底，真正與文學為伴、與書為伴、與學問為伴的人，都是心靈鮮亮而又蒼老的人。」說得多好啊！）。

三

二〇〇二年春天，我與已故散文作家葦岸的妹妹馬建秀聯繫後，將葦岸去世以後出版的兩本散文集《太陽升起以後》（中國工人出版社二〇〇〇版）和《上帝之子》（湖北美術出版社二〇〇一年版）寄給阿泉。這兩本書，加上葦岸生前出版的《大地上的事情》（中國對外翻譯出版公司一九九五年版），是迄今為止葦岸生前逝後出版的全部書目。

阿泉和我，都非常喜讀葦岸乾淨樸素的散文。得到這兩本書，阿泉在給我的信函中有這樣的表達：「今日收到葦岸大著，翻讀一過，很是欣悅！」能夠讓阿泉這個正品才子作家兼書愛家高興，我亦跟著「很是欣悅！」在這封信裡，阿泉還說：「今晨有春天的第一場雪降下，心裡明朗許多。祝願我們新年裡會有大的飛躍。讓我們互相支撐吧！」

仿佛是美好的祝福，仿佛冥冥中早有註定，也是阿泉多年來讀寫甚勤、成績斐然的必然結果，在這年的七月，他因工作出色加之有「特殊的才華」，由赤峰電視臺調至內蒙古電視臺，先後擔任記者、編導、總撰稿、製片人（兼任內蒙古電視臺漢語衛視黃金品牌訪談節目《蔚藍的故鄉·頂級探訪》主持人），後又升任內蒙古電視臺首席編導，有了更加廣闊的生存發展空間。他「以學者的素養做主持人的事業」，一邊「遍走國內外的書店」，一邊堅持自己「克制、慵懶和隨緣」的寫作習慣，實現了自己在蒙古高原的「碧綠與蔚藍」中放馬讀書的願望。業餘時間，他還牽頭創辦了著名民間讀書報紙《清泉》以及升級版《清泉部落》，並操持承辦了第四屆和第七屆全國民間讀書年會，與摯友龔明德先生一起致力於「倡導和推動全國民間紙閱讀」。

回想起二〇〇二年七月，在阿泉剛剛調到青城不久，我便孤雁遠行，坐了三十六個小時的「草原列車」，抵達呼和浩特，與心儀已久的阿泉歡聚了數日。在呼市的幾天，阿泉除卻工作以外，把全部時間都用來陪我，白天逛書店和青城風景，晚上燈下閒聊文學與生活。也就是在這次短聚中，讓我真切地領略了阿泉的聰慧、機敏與博學，真是讓我望塵莫及，心下欽佩得不得了。直到現在，在我有限的交往圈裡，在我"親密接觸"過的作家裡，我仍認為，阿泉是極富靈性的一位。

這次青城之旅，在阿泉的指點下，我買了整整一旅行包的上品舊籍，滿載而歸（歸家後，我還寫了一篇〈呼和浩特訪書小記〉，記述了在呼市的買書經歷）。在返回東北的火車上，為了紀念我與阿泉的這次聚會，記下我對阿泉盛情的感動，我用手機短信的形式向阿泉發了一首詩〈夜行車上——寄友人阿泉〉：

當空曠的車廂裡
響起孤獨的音樂

當黑夜的原野之風
吹拂著我的血

是誰，讓我和淚無眠
伴著子夜的哀歌
誰是草原上空純銀的流雲
誰是仲夏夜裡深情的眼睛

遠方的鳥帶來遠方的道路
我跋涉著，但並不徬徨
藍色的群星如同敲擊的手指
散發著無名花的幽香

在夜行車上
有一顆心穿越茫茫黑夜
彷彿七月的翅膀
拍打著草原上的告別

這首小詩，後來經山東文友袁濱之手，發在山東淄博周村區文聯主辦的文學期刊《淦水》上。

當年九月，阿泉給我的一封短札，頗富意趣，有如良友當面袖手清談：

我在烏蘭浩特待了半個月，整天在賓館裡寫稿。正是秋深時節，夜裡出來散步，感受了東北地區的高遠和涼意。小城書店太貧乏，只搜到五、六冊半價的名著，聊擺床畔。想盡早得暇進行寫作。仍尊崇弘一法師一慣的「養靜用功」的理念。國慶日後，有一大冊插圖本新著寄你。秋季和冬季，是我喜歡的，有散文的意境，你是否有同覺？

收此信後不久，即收到由阿泉擔任總撰稿的十二集大型電視文化專題片插圖解說詞集《草原文明》（中國文史出版社二〇〇二年版），讓我度過了一個充滿亮色的秋天。讀完此書，我就著鄉下瓦屋家中的爐火，寫了一篇題為〈草原文明的薪火不滅〉的書評，刊發在《吉林日報・東北風》讀書版上。

四

在阿泉調至內蒙古電視臺之後的轉年春天，我也更換了工作，由一名鄉下中學教員成為小縣城的一名政府機關工作人員，一晃已是七載，此中滋味，如魚飲水，冷暖自知，不說也罷。

唯一值得安慰的是，我與阿泉始終未有中斷電話與書信聯繫，為我灰暗、陰冷、人情澆薄的機關生活增添了生命必需的、彌足珍貴的真摯友情、慰藉和暖意。特別是二〇〇六年，阿泉在網路天涯社區「閑閒書話」節目主持「草原盛會萬次貼：一席最饕餮的精神大餐」，聚合了天南海北諸多的「讀書種子」和「書林精英」，我亦在工餘跟帖談論自己的買書情況和讀書心得。在這個節目裡，阿泉兄不遺餘力地向書友們推介我，記得他曾這樣不無風趣地寫道：「吉林省著名的青年鄉村詩人葛筱強同志近來的買書檔次直線上升，讀書也勤奮了許多，沒有被縣裡的小官場淹沒，成為東北黑土地裡的一顆讀書種子，這裡要嚴重表揚一次。」我在「草原盛會萬次帖」上寫了「一年來買書花了不少錢，提醒自己要有所節制」之後，阿泉即回覆道：

> 筱強此段文字誠實，深切，頗見性情，雖然不足四百元的書款是一個很小很小的數字。買書是一種高級的精神需求，很奢侈，相當費錢，甚至是燒錢，必須與物質欲望進行爭奪才行。但最主要的，不是節儉，還是要振興經濟，買書才可以「為所欲為」，進入自由無羈的瀟灑境界。

這不僅是阿泉自己購書藏書讀書的切身經驗體會，更是對我儘快提高生存能力的期望與鼓勵。此番情意，怎一個「謝」字了得！

近兩年來，阿泉依舊力走邊緣，沉緬書海，一身「泉石之性」，慨人生之短暫、歎時光之飛逝，以「小隱於山，大隱於書」為立身之本，秉持著「四奇主義」（讀奇書、交奇友、寫奇文、訪奇境），雖然自己「曾經飄逸烏黑的長髮在晨昏攬鏡自照時也驚見漸雜漸密的白髮」，但年深日久積成的「貪戀茶香酒醺布衣書味的平民奢侈，寄情大漠長河孤煙落日的邊地樸拙」的衷曲未改，且歷久彌堅，夢想並實踐著「在寫書話的快意中度過『為書籍的一生』」的人生主張。

五

二〇〇九年，是阿泉在寫作上有大採獲的一年。他的書話散文集《慢慢讀，欣賞啊》和六集草原文化電視專題片插圖解說詞集《碧綠與蔚藍》先後於三月和五月由內蒙古教育出版社隆重推出，均列入「紙閱讀文庫」叢書之中。兩書出版後，阿泉同時用掛號給我寄來，且全為令人愛不忍釋的毛邊簽名本。阿泉在這兩本書的題識分別是：「閱讀一種最生動最高貴的生活方式。筱強書愛家書林添草」，「書籍和自然是我們人生的兩大導師。筱強仁弟晴窗閒覽」。這兩本書，又讓我如當年讀《涼蔭》一樣，度過了數晚深夜孤燈的美好時光。

關於《慢慢讀，欣賞啊》，四川作家龔明德先生評價說：

> 新聞記者的角色，使張阿泉的文字永遠具有著「活潑」的「新鮮氣息」，有了這個優長，在人員眾多的書話寫作群落中，張阿泉獨具風姿。而且，這獨具的風姿還是階段性地不斷昇華的，即由「純美寫作方向確立」階段到「成功踏入質樸文

字表述的峻險境地」階段，再到「堅守嚴謹紙閱讀之後再白描出理性閱讀感受的可喜的、隨心所欲的、用清淡話語熟練傳達高貴內涵」階段。

而且，龔先生相信「這種不斷提純拔萃、逼近爐火純青的特質，在張阿泉今後的文字生涯中，會愈加發揚光大」。

關於《碧綠與蔚藍》，內蒙古自治區政協主席、作家陳光林有這樣的定位：

總撰稿張阿泉是內蒙古電視臺首席編導，不但是新聞人，更兼備作家、藏書家身份，長期偏重於草原文化的文獻搜集和田野尋訪，所以他筆下的文字具有質感和彈性，創造出一種特殊語境，達到了成熟程度。

在讀畢這兩本「厚積薄發」、「清風明月」、「踏雪尋梅」般的小書後，我深感兩位先生精準雋永的評語真是切中鵠的，攫住了阿泉作品的神髓，道出了阿泉作品風格的迷人所在。

就像阿泉在《慢慢讀，欣賞啊》一書長篇後記中所說的那樣，我這篇拉雜寫來的長文也該打住了。作為阿泉行動的關注者、阿泉作品的「追讀者」，唯願他在今後如風的光陰裡，繼續在遼闊的內蒙古大地上行走嘯傲，閱盡人間未讀書，在浩浩書海裡永遠「靈思如泉」、「披沙撿金」，把遊牧思維充分運用到採訪、創作和研究上，為吾輩讀書人打磨出更多晶瑩剔透的「珍珠」和「扇貝」。

二〇〇九年十一月七日深夜，寫畢於夢柳齋

第二輯

夢柳齋書話

海子的一首重要佚詩

詩人海子死後不到十年，便名滿天下，並且得到新詩研究者的注意。他的詩及關於他的詩論以各種版本流於坊間。我的書架上即藏有：人民文學一九九九年版《海子的詩》（西川選）、三聯一九九七年版《海子詩全編》（西川編）、南京版《海子駱一禾作品集》、中國文聯一九九九詩探索金庫《不死的海子》（崔衛平編），但以上諸書皆不見《一九八五詩抄之二：種籽》這首詩。

海子的友人，已故散文作家葦岸在〈懷念海子〉一文中曾這樣寫他和海子第一次會面的感受：

> ……一生遠離巴黎，居住在比利牛斯山區的故鄉小鎮，寫出「把我得不到的幸福給予所有的人吧！」（〈祈禱〉）的法國詩人雅姆（一個我非常喜愛和崇敬的詩人），被里爾克敬重地稱為「外省的詩人」。此時我將眼裡的海子，看作「一個外省的少年形象的詩人」。他實際已在自己的詩中寫下了「第一個應該犧牲的，是我自己。（〈一九八五年詩抄之二：種籽〉）」這同樣震動心靈的詩句。

那為什麼以後的各種集子中不見此稿呢？我想，這大概是海子的好友、海子遺稿的保存兼編選者、著名詩人西川的未看到和查到。我手頭的這首詩抄於一九八九年第四期的《詩神》月刊。

關於這首詩的藝術水平及價值，自有詩評家去道及，這裡我不必多說。作為一份珍貴的資料，且錄在此，以補海子詩集之備，供海子詩歌熱愛者欣賞研究。

附詩

〈一九八五年詩抄之二：種籽〉

海子

面對河流面對語言面對你
人們難免一死
人們則通過我走向死亡
人們在我的周圍溯流而上
藏於河道之下的　小小身體
是我
藏於河道下的小小墓穴內的
河中火焰

第一個應該犧牲的
是我自己。誤了很久時日
我又回到大地中央
坐在自己的屍體上
在我的屍體上，我要吐露隻言
片語

我要說的
像花朵一樣受傷
果子包住她
鮮紅的傷口
落進木桶
割破嘴唇的水

產生傷疤和經歷
形成構造大地的各種角度
他們稱我為老家之人

無聲的鳥骨
帶往四面八方

秋天　太陽吮破建造男人的
手指流血不盡
秋天從男人身上取走痛苦
的火種
家園就這樣在離開我很遠的

地方建造
男人的身體不會在秋天存放
太久。

故鄉，有一位年輕貌美的秋後
的瞎子姑娘
對著夜晚的一隻寂靜的黑貓
喝酒
女兒，保佑我
眼睛明亮

女兒和女人在詩人丟失的
豐收的船上。

不可多得的《單獨者》

我和詩人樹才有聯繫或說我開始閱讀樹才的詩，緣於已故散文作家葦岸。其實，我和葦岸並不曾謀面，但我在他生前逝後，卻奇跡般地受益於他：他活著時，為我介紹了傳奇詩人黑大春——這個「中了魔法的漂泊者」；他去世了，緣於他，我又與詩人樹才有了通信的友誼。去年冬天，一個寒冷的日子，我在家中的火炕上，慢慢翻閱樹才的詩集《單獨者》，一句句像火——不，像冰火一樣的詩，讓我忘記了窗外的飛揚雪花，讓我驚奇而欣悅地發現，這是一個自覺地聽從心靈召喚而放棄身外榮華的詩人，一個讓人慢慢走進他的詩中，靜靜洞察心靈的幽暗而又渴望光明的詩人。

樹才本是農家子弟，大學畢業「在命運公正的安排下」，曾出任中國駐塞內加爾外交官數年，回國後就職於對外經貿部的一家大公司，在一般人眼裡，這樣的好工作是求之不得的。但，天賦的詩人氣質、才華與使命感，讓樹才自覺地放棄了與內心生活相去甚遠的職業，而進入中國社會科學院外國文學研究所南歐室譯詩、寫詩，所謂「契吾心者」，自在其中。

活在人間，每個人都在以不同的方式觀察生活，體驗生活，拷問生活。樹才的詩，讓人感到他一直在以獨特的視角注目著眼下的生活時光，觀察著當下的人生狀態，這種觀察方式，他自己用了一個恰如其分的詞：「窺」。在樹才看來，「窺」，這一過程不僅僅是看，更是一個隱秘的心理活動，「窺」，呈現的是深沉的人性，意味著一切都剛剛開始。在火焰般的詩神之環籠罩下，詩人樹才「窺」到了什麼？

他對歲月之河中的命運發出如此痛苦的吁告：

> 相信命運之後，感悟神秘之後
> 九月啊，請察看這個年輕人的左手
> 他想改變生死分明的紋路，……。
>
> 〈窺〉

他對如蘆葦般的生命陷入如此沉重的哲思：

> 生命有時像池塘一樣黑
> 像電燈泡一樣易碎。
>
> 〈今夜〉

如果說藝術是宗教，那麼，每一個傾心藝術的詩人都是赤熱而忠誠的宗教徒。在追尋詩藝的道路上，只有不吝惜傾注心血的人，只有甘心耗盡一生的人，才會奉獻出澄澈無悔的情感。這情感，在樹才的心中流淌出來，就是這樣的詩句：

> ……在斑斑點點的
>
> 血跡中，你是否看清無數羔羊的犧牲？
> 但這是怎樣的一種感性！
> 在天空中來了又去，漲了又落。噢，既偉大又可悲……
>
> 〈一種感情〉

「一個人不能簡單地變成另外一個人」，樹才對馬克思這句話深信不疑，因此，他拚盡全力挖掘自己，為了展現自己這一生命現象活著的獨特性，為了自己能有所創造。他在〈單獨者〉一詩中寫道：

我走著，我的心靈就產生風，
我的衣襟就產生飄動。
鳥落進樹叢。石頭不再拒絕。

因為什麼，我成了單獨者？

在陽光的溫暖中，石頭敞亮著，
像暮年老人在無言中敘說……
傾聽者少。聽到者更少。

石頭畢竟不是鳥。
誰能真正生活得快樂而簡單？
不是地上的石頭，不是天上的太陽……

人是自然之神賜給世間的智慧果實，每一顆果實在形成和成熟過程中，每一個人對自身的來世今生，都有著自己的感受方式和朗澈情思。詩人在〈果子〉一詩中寫道：

我適合於有朋友
我適合於活著
我像一個沒有目的地的旅行者
從生到死，從死到死
我呼出的是人的氣息

一些東西已經在那裡
夜不安靜也不美麗
一棵樹受不了一盞燈的眨眼
一個人在金屬的狂笑中無法放睡
那把美麗的鐮刀只為夜間的樹木

一盞燈下是一顆頭顱
一扇窗後是一個家庭
所有這一切看上去就是假的。

在經歷了工業時代煙塵的迷漫之後，人們又進入了資訊時代的虛擬世界裡。在充滿數字灰色的二十一世紀，生存本身就變得曖昧不明。因而，一個追索真理的人，就是一個沒有目的地的旅行者；一個歌詠純詩的人，就是一個在夜晚忍受金屬狂笑而「無法入睡」的人；一個躑躅燈下閱讀的人，就是一個在無望的虛幻中求得心靈慰藉的人。這樣的人，任憑自己的身軀像果子一樣墜落泥土之中，依舊執著地堅守靈魂的棲息之所。讀樹才的詩，你會有這樣的心靈震撼。你會驚異於一個歷經歲月洗磨、窺破人生神秘與悲涼的人，在平和外表的掩藏下與世界隱隱囈語，以一顆鮮活的心、熾熱的靈魂、赤子的眼光，用著看似簡單的句子，表達著對生活的熱愛。

樹才在評論法國詩人勒韋爾迪時曾這樣說道：「說勒韋爾迪是詩人，其實他更像一個靜悟者。他不想在耗費中取勝，儘管生命始終處於被消耗狀態。他希望從內在飽滿中求得詩歌自然的溢出。他的詩看上去簡單而重複，裡面卻容納了一次次的躍舉，緩升，徐降。在他那裡，單調化解了豐滿，靜態中充溢動作，最平凡的敘述抖落出最驚心的悲劇。他生命的幽潭，在孤寂和睿智的屏護下，一輩子清靜，深邃，大波悄然湧起，又無聲降落，從未誕生，也從未死亡。」讀完樹才的詩，我感到，這段話放在他自己身上，也同樣適用。樹才，一如他的詩集《單獨者》這個名字一樣，也是一個不可多得的單獨者，因為他在思索生命，在沉靜的表述中攜著火一樣的思想，火一樣的靈魂。

詩歌世界裡的審美人生

初秋的一個下午，風和葉黃，太陽的絲線射進我新居的朝北書房，安靜而溫暖。在這個適宜讀詩的下午，艾蒿，你給我打來電話，嗓音依舊沉穩，但隱藏不住夾著的欣悅，你說自己準備印一本詩集，作品已初選完畢，作為多年的同鄉知己，囑我寫些文字。我未做絲毫遲疑，立即答應了。

作為我詩歌道路上的領路人，艾蒿，你的詩，自和你相識相知的十七年來，我讀了不少。這次選入集子裡的，我亦大多先後讀過。今日重讀，仍倍覺親切。在我的記憶中，你的生活無處不浸漫著詩歌的氣息。聊天也好，飲酒也罷，甚至你處理生活中的日常瑣事，也裹挾著如同詩歌般的即興與灑脫。在你的世界裡，一切都充滿了詩意，一切都因你賦予了豐沛的激情和夢想而色彩斑斕，即使這激情是沉靜的，這夢想是小小的。在〈心中有夢〉中，你這樣深情地吟道：

請允許我成為一滴露珠
在花蕊間做一個純淨的夢
夢醒後，在微風輕拂的早晨
在別人還不知曉的時刻
融入初升的晨暉
也要允許我像露珠一樣
只活這短短的一生

但是安寧
但是純淨

你之所以這樣吟唱，因為：

我嚮往一個淡淡的人生
就如同現在　我無比珍愛著
每一寸平平淡淡的光陰
我寧願生命中缺少成功的精彩
但一定要讓足跡走過的地方
留下一片純白，乾乾淨淨

〈我嚮往一個淡淡的人生〉

這是多麼令人感喟甚而低徊的心音啊！艾蒿，為什麼年過不惑的你仍是如此淡然如菊，仍是如此讓在紅塵中追逐浮雲的我悚然自警？！

心境的淡泊並不意味著冷血，慾望的消解並不代表著漠然。艾蒿，你在詩歌的審美世界裡摒棄了俗世的沉浮傾軋，卻對生活中的場景和生命中的事物給予了真摯觀照和終極關懷。在你的心中，朋友是「兩個純淨如月的靈魂／暖暖地握在一起」；鄉音「是一種特殊的血，只要流進你的脈搏／就長成流蕩在你生命中的那一縷魂魄」；山坡上的葵花地是「嫋嫋升騰純淨而高貴的火焰／洶湧如浪，醇香如酒／給我照耀與寧靜／讓我純潔，善良」；插在屋簷門楣的艾草讓「我們對生命中遭遇的一切／滿懷溫情，感激和信心」；故鄉的女人「煮一鍋的節儉和苦香／成一餐餐豐盛的美食／縫一針針的精打細算／為一家人納涼禦寒」，是你心中北方婦女最美的剪影；故園是門前老榆結出的童謠，是老水井打出的憂傷，是夢中的炊煙和母親的白髮；父親的手是「年年結下繭花如霜／歲歲捧出恩澤如山」的手，是讓你望一眼熱淚盈盈的手，握一握溫暖一生的手。艾蒿，這一句句，一行行，都是注入了你對人生的體悟和對故鄉的懷戀啊！我想，這些，不正是你生命所繫的風箏之線和靈魂停泊之灣嘛！

艾蒿，你雖然在生活中對愛情這個詩歌命題一直三緘其口，但在詩情澎湃的筆下卻揮灑了自己對愛情的詮釋，使其成為你詩歌中一面張揚的旗幟和一羽生命的翅膀。你獻給愛人的是「一生的陽光星辰／一生的朝花夕露／一生的熱淚柔情／一生的智慧堅貞／一生的詩歌傳奇」。哦，那個叫翟寶瑛的女子有福了，因為她有一個對愛情如傳統名士般執著的男人，一個懂得詩歌之美、愛情之美、愛人之美的男人！他堅持在一年四季「削一支月笛給你」，堅持在人生中「為你把滄桑飲盡」，堅持在「詩裡夢裡」把「你的名字／鋪展成一塊錦緞」，並「夜以繼日地／繡著那個情字」！

艾蒿，你執教於大學校園，你深深熱愛著自己的稻粱之謀。因此，你把自己抒寫從教生涯的詩歌輯為《燭之心語》。在這塊耕耘的芳草園裡，你表達著對祖國的赤誠，「為你，縱然我粉身碎骨／那浩浩忠魂依然會高喊出／一個赤紅的聲音——我的母親，我的中國！」你素描教師群體，「即使鬢染白霜／也是一幅流溢東方神韻的／水墨丹青」。教師的職業是崇高的，但卻是寂寞的，作為照亮別人燃燒自己的燭的化身，艾蒿替自己也替天下所有為教書育人傾注心血的教師發出這樣的呼告：「我因燃燒而璀璨輝煌／我因燃燒而無憾無悔／只是，人們啊／請注目我燃燒的姿勢／並報我以熱烈的掌聲」。在這一輯裡，最讓我感慨良多的，是你送我的那首詩〈上天待你不薄——獻給鄉村詩人 GXQ〉。

這是我因了某種緣故分配到鄉下教書後，潛心寫作並有了一點點成績時你對我的安慰與鼓勵。你對我是多麼的關愛啊：

我的鄉村詩人啊

你是否知曉

上天待你不薄，才會——
讓你走盡地上所有的路
讓你吃盡世間所有的苦
讓你享盡人子所有的歡
讓你以淚作歌
讓你把夢守著！

一生遠離巴黎，居住在比利牛斯山區故鄉小鎮的法國詩人雅姆寫過這樣一句詩：「把我得不到的幸福給予所有的人吧。」而你，在〈敬歲月一杯酒〉中也寫下了「我所得到的／都已一一交出／愛情交給了明月／歡樂交給了親朋／夢想交給了遠方／成功交給了霜雪」同樣讓人血液激湧、肅然起敬的詩句。在這裡，我只想再續一句，艾蒿，你在詩歌的審美世界裡，把生命交給了詩歌。

二〇〇六年十一月於夢柳齋

一本詩壇地圖和兩個不眠之夜

二〇〇七年十一月底，我在長春作家王國華（筆名易水寒）的博客上讀了一篇關於廣西詩人劉春的新著《朦朧詩以後》的文章，題目叫〈一個中年人，半夜想起詩〉，文中論及書的內容的文字較少，大多是國華讀此書後回憶自己的寫詩經歷，闡述自己對詩歌的看法。這，也激起了我的閱讀慾望。為什麼我會對這本三十多萬字的關於詩歌的書感興趣呢？因為我和作者一樣，也是七十年代出生、一個由詩歌進入文學並且現在也讀詩偶爾也寫詩的人。與劉春取得聯繫後，大約過了半個月的樣子，一函掛號郵件飛至案頭，正是我想讀的《朦朧詩以後：一九八六～二〇〇七中國詩壇地圖》。

首先映入眼簾的，是書封上這樣的一段話：「經歷了『朦朧詩』短短數年的熱鬧，二十世紀八十年代中期以後，中國詩歌『跌入低谷』，不再引起更多的世俗關注的目光。但詩人並未停下腳步，他們的激情像地火一樣在幽暗的心底熊熊燃燒。」此句詩意充沛，簡潔、凝煉，既是對「朦朧詩以後」中國詩壇現狀較為客觀的定語，亦可視為本書行文風格的定位。作者談詩論人，時而從容敘事，時而俯仰點批，不時跳踉出令人心怡的雋語，如：「有思想的人如果加上勤奮，他的果園註定了不會荒蕪。」「每一個時代，真正的詩人往往正好不為大多數人所接受和理解。」「寫詩或談詩是一種很私人的愛好，這種愛好無法為你帶來世俗的好處，但能讓你的靈魂乾淨。」「謹慎而緩慢地寫作，勤奮而深入地思考，才能成就一個優秀的作家。」「在『條條道路通羅馬』的文字寫作中，具有越廣闊的視野，就越有可能最早到達目的地。」這樣的文字，橫逸著詩人隨筆的風致，品咀再三，猶有餘韻，讓我不時停頓下來，會心地用藍色墨水筆一一勾勒標記。

這本書中涉及的詩人，大多數我耳熟能詳，就像王國華在文章中說的：「他評論的那些人我都很熟悉，除了海子、西川、于堅、韓東、車前子以外，就連一般人比較陌生的陳東東、張棗、桑克、余怒這些人，我都門兒清。」但也有一部分人是第一次才知道，可見我對詩歌雖親近，對詩壇卻疏離。這也和我的閱讀習慣有關。我讀的詩，約略以一九九〇前的詩人為界限。對於時代，我是真的有些落伍了。誠然，這本由劉春個人勾勒的「非嚴格意義上的學術研究」（程光煒語）的中國詩壇二十年地圖，有些疏漏在所難免。以我個人的閱讀視域和私下觀念，像西渡、戈麥、樹才、黑大春、龐培、鄭單衣等詩人，是應該進行單篇論述的，因為他們在自己的詩藝探索之路上頗有成績或建樹。作為一個讀詩和寫詩者，即使是書寫一部民間的二十年中國詩歌史，一些有地標意義的人和事是不能回避的，如同我們在前進的路上不能回避的山峰和河流。

說些與此書有關的題外話。書中所寫的詩人，其中有兩人曾與我通過信。一個是王家新，另一個是藍藍。我和他們通信，均與已逝散文作家葦岸有關。

二〇〇〇年九月，我給時在北京教育學院任教的王家新去了一封信。他在給我的回信中說：「知你喜歡葦岸的作品，你的詩中，也有許多和他相通的東西。或者說，你的詩已抵達詩的本質層次，很感人，很美，只是在語言形式上過於鬆弛了一些。我可以想像你現在的處境，但如果你感到寫作能給你的生命帶來意義，那就寫下去……現在詩壇很亂，我也想更安靜一些。無論外界如何，按照我們自己的內心來生活和寫作。」二〇〇五年四月，我收到王家新先生寄來的三本書，一本是人民文學版的《王家新的詩》，扉頁上他錄了自己的名篇〈帕斯捷爾納克〉中的一句「要說出它，需要以冰雪來充滿我的一生。」一本是他與芮虎合作的譯著《保羅・策蘭詩文集》，上題：「那是春天，樹木飛向它們的鳥。」讀了劉春的書，我才知道因為策蘭，王家新與北島還引發了一場論戰。另一本是他編選的中學生讀物《中國當代詩歌經典》。

還有藍藍，這個充滿無邊母性的女詩人，在我心目中彷彿就是中國的米斯特拉爾。她給我的第一封信是這樣的：

> 這是一封太遲太遲的信——距收到你的信有半年多了。原因是我生了一對雙胞胎女兒。請你為我感到高興的同時，也請原諒一個忙碌母親的無暇。謝謝你的信任，它使我感溫暖。你的詩我也讀了，它們清新，憂傷。其中給索德格朗的那首印象尤深，原因是我也曾為她寫過一首詩。你還寫嗎？堅持下來，「堅持就意味著一切。」希望你能寫出更多的好詩。另外，「黎明的小雨」、「秋天的果園」寫得也很好，帶有泥土和萬物的氣息。另：葦岸身患肝癌。也許你願意給他去一封不要悲傷的信，鼓勵他振作起來，戰勝病魔，多謝你。

第二封是在葦岸去世後：

> 葦岸去世了，內心的悲傷無法言說。只希望朋友們健康地生活，像他那樣為人為文，葦岸九泉有知，也會欣慰的。知道你過著半耕半讀的日子，真令我羨慕。這不容易，我知道。住在城市裡，整日心煩不已，又不能永遠回到鄉村，一顆心總在煎熬著。

收到她的這兩封信時，我正在鄉下教書。

我之所以十分冗長的引錄這兩位詩人的來信，是因為劉春在書中說王家新的詩「融入了一個知識份子的憂患意識」，而成為「世紀之交中國詩壇的一個獨特的存在。」藍藍是一個厚重的詩人，她身上有一種「宗教意義上的博愛」——而愛，「是一種大境界，大悲憫，涵括了人性的真善美。」這幾封信，特別是藍藍的信，體現了這一品質。

很久沒有通宵夜讀了，詩人劉春的這本《朦朧詩以後》伴我度過了兩個不眠的夜晚，兩個沉陷於閱讀、思索和回憶快樂的夜晚。在閱讀的過程中，他提到了某本書、某個詩人，我會情不自禁地在自己的書架上翻尋出來對讀，並徊想當初閱讀此書此人的時光，那樣的時光是多麼幸福啊。《隨園詩話》中王西莊為人作序云：「所謂詩人者，非必其能詩也。果能胸境超脫，相對溫雅，雖一字不識，真詩人也。如其胸境齷齪，相對塵俗，雖終日咬文嚼字，連篇累牘，乃非詩人也。」誠哉斯言。劉春寫的這些詩人，都是當代中國詩壇地圖中的「不知所終的旅行者」。實際上，劉春也是其中的一位。伴著窗外逐漸明晰的清朗曙色，我想起詩人辛泊平對劉春的評價：「沒有以一個泛文化的目光去打量和詩人有關的一切，而是始終如一地站在繆斯的身旁，熱情而又不失冷靜地用詩歌的尺度而不是用其他標準來衡量詩歌和詩人。既不仰視，又沒俯瞰，而是規避優越感、距離感的面對面。這種平和的態度背後是詩人的學養自信。」此語幾中鵠的，我深表贊同。

枕前留夢有阿泉

和作家、書愛家阿泉先生互通信札始於他的大著《躲在書籍的涼蔭裡》。這本小書，是我自一九九七年讀完葦岸惠贈的散文集《大地上的事情》以來，又一本讓我徹夜未眠的書。從這本書裡發散出來的是與葦岸殊途同歸的不肯與現實同流合污的純粹質樸的高貴品質。說他們是殊途，因為葦岸的血脈根植於溫厚的大地，阿泉的精神發源於古舊典雅的書香。

這本小書，裝幀精良，淨手撫摸之際令人心怡氣爽。它是作家自稱的「試刀」之作，因而飽含了阿泉數年寫作的心血。阿泉畢業於大學的中文系，參加工作以來又閱讀筆耕不輟，十幾年的文字浸淫使他的思想純正、精神疏朗、語言雅致脫俗。在他美好的心裡有這樣一個單純的信念：「在讀與寫之間，我永遠傾向於前者。獨坐在整潔的庋藏萬卷的泉齋，我太想做一條吃書的銀魚。」然而，深厚的學養和天賦的才華亦常常使他「讀至佳處抑不住逸興，會信筆記幸記慨」，於是便有了這本令人不忍釋卷的小書。

在這本書裡，阿泉以不媚俗、不倨傲的姿勢向我們侃侃而談。談自己的「心跡旅痕」，談深夜裡「溫暖的書燈」，更談作為一個書愛家的「人緣與書緣」。他渴望簡單的文字，因為他相信「生命的本源是簡單澄澈，是童心煥發，不是深刻沉重。體現在文學文字上，亦應一以貫之。」這樣的理念如同純粹的詩篇一樣，在這慾望縱橫、人心浮躁的凡塵不諦於稀世之音、山中流泉。阿泉生活在北地，每到寒冷的冬天，蝸居城市的高樓之內的他，便無限徊想劈啪燃燒的爐火，憶念「黃泥小爐所具的那份親切和炙熱」，因為在搖曳的爐火的光中，一個讀書人可以「凝眸埋首美妙的書卷，神游於想像之外的孤島」。讀到這裡，我不禁要說：「阿泉，你所徊想和憶念的生活，正是我鄉下家中的場景。在這冬雪初降的夜晚，我守著映壁的爐火，讀著你的文章，有一種沖淡，有一種安寧。」

在溫暖的書燈下，阿泉有這樣的獨白：「我崇尚心地善良，工作敬業，思想自由，生活簡淨，欣賞不卑不亢，不忮不求的平民意識，主張做人以質樸誠摯為本身基調，不媚俗，不誇飾，作文宜厚積薄發，融合學養才情，精短寫意出之，或行或止，一片天機天籟。」說得多好啊，這番話道出了一個綺夢，一個心地坦蕩、無私無畏的平常人的夢，一個讀書破萬卷、以詩文為生命依託的文人之夢。這樣的觀點，讓我想起坦桑尼亞的夏班•羅伯特的話：「我要在世界上做一個光明磊落的人，我要正大光明地度過自己的一生。」這是多少夢寐以求而又難抵之增境啊。在溫暖的書燈下，阿泉先生談美術，談水中石和甜美的睡眠，談民間的草柳和歷古的青磚。他這樣寫散文與綠茶的關係：「文學中的散文，正似茶葉中的綠茶。」因為它們之間的內蘊都是清潔的精神。除此，他亦談老書店的衰微和毛邊本，談孤寂的文人情懷和高更與盧梭的臨終之作，以自己的清志和筆耕心得談讀與寫的辨證關係，無一不處處見雅趣，字字顯才情。

身兼作家和書愛家雙重角色，阿泉先生對自己藏書讀書旅程中的人緣與書緣絮絮不已。他對投己以書的川大校友吳點點感念不忘，對流沙河的文心詩懷感喟良多；對作為赤峰老鄉的散文作家鮑爾吉•原野予以扎實中肯的評介點批，對已故詩人顧城進行點滴的回憶並述以適當的個人觀點。這一輯裡，尤其令我心怡的是阿泉對從未謀面的葦岸的遙祭：「葦岸，我要對你說的是，你的這本小書，我反覆讀了許多遍，至今仍愛不忍釋。在六十年代出生的年輕一輩作家中，我一直奢望尋找這樣一部純粹的作品，你的出現使我的夢想變成了現實。《大地上的事情》是當代散文中的一部少有的佳作，是中國文學的重要收穫。」「在尖銳的世俗中，純粹的文學創作已演變成一種嚴正的戰鬥，需要堅定操守，需要前仆後繼。我會一直以你為榜樣，師法自然，過簡樸的生活，把散文真誠地寫下去。」這份字裡行間滲透出來的激賞與深惋，不禁令我回想起自己與葦岸先生音問互通的歲月，心中蒼茫無限。阿泉與葦岸雖不曾相識，但因人格、血質和精神的一致，一如前文所說的那樣，無論山遙水闊，陰陽分隔，他們的心靈因為文字的留存與呼應是永遠相通相融的。

「三更有夢書當枕」，枕前留夢有阿泉。老愚在〈上升的星群〉中評價原野時說：「我敢斷定，鮑爾吉原野是一位傑出的作家，他的成名只是機遇問題。」我想，這句話放在阿泉身上，同樣適用。

二〇〇一年十二月一日寒夜家中

讀阿泉作品，賞阿泉書扉題識「燈窗閒讀」，心中一片澄明

草原文明的薪火不滅

癸未初春，我從郵局取回阿泉君自遙遠的內蒙掛號寄來的插圖本《草原文明》（中國文史出版社，二〇〇二年九月版），連續讀了幾個晚上，深為此書的厚重內涵、短雋筆法而興奮不已。它不僅讓我在考古學文化知識方面有了極大的收穫，更在美學意義上給了我極大的愉悅，確實令我「一卷在握，清目垂注。」

這本書是十二集大型電視文化專題片《草原文明》的解說詞集，它以考古學文化為框架和主線，「上下千年，縱橫萬里」，真實地向人們展示了內蒙古地區崢嶸的歷史風貌和珍貴的文化遺存，描畫了草原民族鐵馬金戈、明月天涯的氣概和長年逐水草而居養成的開闊、堅忍的性格，對中國北方遊牧民族創造的散落在大地上珠璣一樣的「草原文明」進行多維度的鉤沉、梳理。

一件件「文明的碎片」被掇拾和「刮垢磨光」，在人們的注視中重放出攝人心神的光采：粗糙的石器彷彿依舊蘊著先民的體溫，彩陶片碎成了浩浩湯湯的大河，飽含偉大靈感的青銅器皿，充滿自然、古拙、粗野、凝煉、童稚和殘缺之美的水流雲在的岩畫，日出日落間興衰的匈奴王朝、「氣吞萬里」走四方的鮮卑、神話般的契丹，數不盡的遼海珍奇、玉霜滿地伴著的悠悠羌管、牧歌樣的額爾古納的魂魄，開一代風流的大元故都……所有這些，都在本書中漫漶而謹約地重生出來，彷彿連天碧的芳草，讓人目不暇接，目馳神迷，在沉浸之中，讀完了一本既有學術品位又通俗耐看的「草原文明簡史」。

作為一部電視文化專題片的解說詞，寫作此書的難度是可想而知的，它要求寫作者既要佔有錯綜複雜的素材資料，又要遣詞簡約，留有想像的空間，既要保持學術的嚴謹精確，又要化腐朽為神奇，用跳踉恣意的筆法昭示思想的鋒刃。

本書的總撰稿阿泉君家藏萬卷，學養深厚，既是一位經驗豐富的電視編導，又是一位厚積薄發的年輕散文作家。在寫作過程中，他既保留了專業人員提供的基本素材，又充分調動自己的閱讀庫存和情感神經，以「治史若烹小鮮」的姿勢，以含英咀華的澡雪文字，把一部「草原文明簡史」寫得明晰通暢，情濃意重，寫得洗練、素樸又詩一般的沁人心脾。其話語風格凸現了精雕玉琢又宛若天成的雋美潔淨。如他寫「化石，是遠古生命的緩慢定格，是深不可測的歷史的回聲和遺響。」把匈奴王朝的衰落喻作「終於走到了『大漠孤煙直，長河落日圓』的黃昏時分。」在「遼海珍奇」一章的末尾，他寫道：

> 大遼王朝在「滄海橫流」了二百一十九年之後，終於「雨打風吹去」。然而，它所創造的博大精深的遼文化，它所遺存下來的大量的遼海珍奇，仍然像散落的明珠一樣，熠熠生輝，玲瓏四照，穿透了歷史的漫漫積塵。

阿泉君在本書中不僅追求語言的簡淨光潤，更時時閃爍自己的思辨之輝。在「彩陶片流成了河」一章中，他寫道：「文明的精進和延續，每每需要付出生命的代價。人類正是與大自然的和諧相處與英勇抗爭之中，不斷地改造和適應周圍的環境，歷盡千辛萬苦，頑強地生存下來。」在「額爾古納之魂」一章的結尾他深情地寫道：「水，不僅僅是生命之源。額爾古納河，以它接納百川，永不停息的流淌，澆灌浸淫了兩岸瀚漫博大的草原文明。同時，也以它獨具的深永，豪邁和慷慨，塑造出蒙古民族以馬背為家，以風為歌，以水為脈的東方人格」。無論是優雅的文字還是豐沛的哲思都時時處處映射出阿泉君激越赤誠的詩人氣質和濃醇似酒的人文關懷。

當我闔上這厚厚一大冊圖文並茂的《草原文明》，心中彷彿依然迴盪著大漠之風振起的草原牧歌的長調，長調中依稀可見歷代先民手持文明的火把迤邐蹣跚而來。這文明的火把，在我們的頭頂恒久燃燒，照徹心靈宇宙的同時，也激勵著我們把文明的薪火世代傳承，就像這本書，在書寫草原文明的同時，也成了草原文明的一部分。

一脈書香出潛廬

甲申年夏，在淄博袁濱君的引薦下，我與身處泉城的徐明祥（自號潛廬）君互通短札並電話閒敘藏書與讀書之樂。在為數不多的書信與電話往來中，我深感徐先生為人的博雅、爽闊。收讀一部他貽我的《書脈集》，我為自己在書林中又覓著一位「聲氣相求」的佳友良朋而「高興得弗得了」。

這冊小書，是明祥君「繼《聽雨集》之後出版的又一部讀書隨筆集」，全書共分「潛廬書話」、「臨風隨筆」、「潛廬書簡」、「靜夜心音」四輯。首輯「潛廬書話」為本書之大部頭（約佔全書頁碼的二分之一）。在這一輯中，潛廬君以一個書愛家的沉醉眼光，對自己所藏之書娓娓絮語：

> 在大學時代即迷戀「教我們怎樣思念／怎樣誘惑／還教我們簡潔而又淋漓酣暢地傾吐情絲縷縷」的《詩經》；心契其心的《陶淵明集》；以散文的視角賞讀《共產黨宣言》激情的熾熱、行文的冷峻、論證的鏗鏘、語言的形象和修辭的匠心獨運；自己為《沫若詩詞選》心存的悲涼，抛書的長歎；曹禺的《日出》和《雷雨》如何使自己雨中的閱讀搖曳生姿、心潮澎湃。除此，《南京的書香》、《書前書後》、《灰色之美》、《老舍與濟南》等篇什，我認為亦是怡性的養人之文，若不「進入角色」、「沉入書頁作一蠹」，皆不可得也。談書亦是談人，我總愛把篇篇書話當做書愛家的寫人小品，

> 只因在濃郁的書香中總離不了人的品貌風骨，離不了人的愛憎好惡。譬如，在談《夢溪筆談》的優劣，自當概述沈括的生平；談《文壇登龍術》和《文苑草木》，免不了鋪陳章克標其人逸事；談《王學仲書畫舊體詩文選》，繞不開王老的生平和志趣。

此輯中，我最愛的，是作家批註《孫犁散文》時畢現的書生情懷。像「孫犁雖老，筆鋒卻辣！」、「老人激憤難抑！」、「這種人現在也有！」和「對！越古的人越接近自然，而天人是相通的。今之文人往往難以做到天人相通。」等等感慨在此文中信手拈來，俯拾即是。我以為，這，才是真書生才有的真性情！

小書第三輯「潛廬書簡」，也是我喜歡的。說句老實話，當我看到明祥君與國內這麼多我敬仰的作家、書愛家有互通音問之緣、互贈大著之誼、互遺墨寶之雅，滿紙煙雲皆是讀書人的「言與事」，真是有些「眼紅心熱」呢！老一輩的姜德明、流沙河，稍後一些的伍立楊、王稼句、龔明德諸位先生，都是我私下偏嗜的作家、書愛家。這裡要說的是，成都的龔明德和蘇州的王稼句二位先生，與我亦有魚雁互答的友誼。讀完他們之間的信，我深感「天下真小」，是愛書人遲早有緣「聯網」啊。

作為一本書愛家愛書、購書、藏書、評書的階段創作小結，本書的第二輯「臨風隨筆」和第四輯「靜夜心音」之中，個別篇章雖與「枕書脈望」之意旨相聯不大，卻亦收入輯內，一則因作家對凝結自己心血的作品，如同愛憐掌心中的「小兒女」，「不忍棄」，不忍「壯士斷腕」；二則，在書香的滋養氤氳下，愛書人思緒飛揚，把筆技癢，一任「生命的枝脈伸向了四面八方」（阿泉語），自在情理之中。這二輯，既可視為「風吹哪頁」的漫折閒翻，亦可作「書林小歇」中的意外之遇。

贊曰：「千般歲月歸眼底，一脈書香出潛廬。」無論如何，在這寂寞的人生路上，在這覆蓋大雪的寒冷冬日，就著使人「神遊八極」的跳躍爐火，齊魯明祥君送我的這冊書脈小集，足讓吾輩讀書人超拔清絕、「遺世而獨立」的勇氣倍增。遙想多年之後，真正能夠讓讀書人追懷和略覺安慰的，也就是這在「望不盡天涯」的流沙歲月中，暗夜貪讀的一縷縷書香吧。

紀事書林一小潛

齊魯泉城徐明祥君，近幾年在世事紛擾的萬丈紅塵中埋首「潛廬」，沉心「弄閒」，在貪讀之餘勤勉著述，不僅營造了屬於自己的精神蓬萊，亦走出了屬於當代書話叢林中的一條新路。

丁亥年早春二月，明祥君在貽我《書脈集》和《潛廬詩草》後，又貺我一冊厚厚的書話集《潛廬藏書紀事》（中國文史出版社二〇〇六十二月一版一印，價三十八元）。素雅乾淨的封面配以成都文壇耆宿流沙河老先生的題簽朱印和陳師曾的墨畫《我欲醉眠君且去》，一派任雲捲雲舒、我自向花叢書林的懶散意緒。封底更因附以黽翁為其專潑的《潛廬著書圖》，而有了「青山隱隱水潺潺，唯有書燈夜不寐」的寂寥沖淡意境。這本凝聚了作者四年心血的雲外錦書，使我收書的當晚充滿了情趣和欣悅，快讀之下，竟不知東方之既白。

在這本小書中，明祥君一改以往中規中矩的文章筆法，縱橫捭闔，雜花生樹，枝蔓四逸，長短由之，一如內蒙書愛家張阿泉語所說的：「令人赤膊裸足俯仰，縱橫而讀，得瓦屋紙窗、茶煙一夕氤氳休憩之樂。」寒齋入藏的關於書話的書已有些規模了，但像明祥君這樣的以「紀事」為名，且每篇均以紀事詩結尾點題的的書話集，尚屬首本。

《潛廬藏書紀事》全書共輯文章三十五篇，體裁手法各異，或因書記事，或因書論人，漫述書人際遇，品藻人緣書緣，並借此抒發個人的感想體悟。用作者自己的話說，《潛廬藏書紀事詩》與自清人葉昌熾以來的倫哲如、吳則虞、徐信符等著作不同，「並非傳統意義上的『藏書紀事詩』，而是『潛廬藏書』之『紀事詩』。姑且視為『藏書紀事詩』體例的變異，也算是對書話樣式的一種小嘗試。特點是以寒齋潛廬收藏的我喜歡的某本書（大多是作者簽名本）為切入點，為話題，抄引一些我感興趣的材料，說點書內的，也說點書外的，兼及作者生平，配上一首有感而發的打油詩，再印上書影、墨蹟、照片作插圖。」

《潛廬藏書紀事》所寫的人，以文化學術界的前輩居多，亦有中青年學者、藏書家和作家，或多或少都與作者有書緣。本乎此，在細敘藏書的過程中，作者亦多了幾分個人體驗，庶幾抵近了唐弢先生所論的「書話的散文因素需要包括一點事實，一點掌故，一點觀點，一點抒情的氣息；它給人以知識，也給人以藝術的享受。」的佳境。

從這些文字裡，我們可以看到明祥君不僅在讀書，也在讀人。讀人，也不是一味地褒揚，也有真實觀點和感受的流露。如：他寫張中行著《負暄瑣話》，是因為有「可傳之人、可感之事、可念之情」。《負暄續話》雖然行文顯得有些「囉嗦與拉雜」，但因作者有化腐朽為神奇的力量而有了韻味。文懷沙有「當代活屈原」之譽，他從讀書中總結了四個原因，即：形似；畢生研究屈原，自身洋溢騷韻；傲骨；博學多識而富人生智慧。他評價王蒙，實為「才氣、運氣、爽氣、大氣，老狐矣」。

或許人的天性中都比較關注自己所熟悉和喜歡的作家學者吧，我對書中收錄的、涉及與自己通過信或見過面的文友的篇章猶感興趣。這些人，都是當代散落在天南海北的中青年才俊，和明祥君一樣，他們都在各自的天地開闢著追尋文明的遠路，發出屬於自己的聲音。如：「六場絕緣一書蠹」的龔明德，用真功夫，做真學問，堅持講真話，因其在新文學研究和考據領域裡的不俗業績，已從出版社調至四川師範大學任教授；「秋水一瓢自逍遙」的山東作家自牧，身處機關醫院，用心讀寫並創辦了《日記雜誌》，為人豪爽，熱情好客，有文壇「孟嘗君」美名；「姑蘇學者散情懷」的王稼句，居住在有著石板街、油紙傘、粉牆黑瓦、梅雨紛紛的蘇州，讀書，編書，寫作，腳走天下，已然為出版界和讀書界翹楚；「天涯聽潮有思緒」的伍立楊，做足了「讀書得間」的功夫，以厚重別致之筆墨敘寫讀史心得，聚焦人生真諦，打撈歷史碎片，在讀書界、文化界創出了相當的文化影響；「赤子情深釀書香」的張阿泉，飽飲了紅山文化、遼文化甘露的一匹文壇駿馬，集電視編導、作家、書愛家於一身，在內蒙古呼和浩特「以學者的素養做主持人的事業」，並先後創辦了《清泉》和《清泉部落》報，在民間廣泛傳佈，以「精緻閱讀」為號召，構築了讀書人的綠色憩園。

《潛廬藏書紀事》一書出版後，明祥君分別贈我一冊切邊本，上題「相見亦無事，不來忽憶君。請筱強先生批評指正，丁亥春徐明祥」；一冊毛邊本，上題「對星對月對宇宙，用滅用無捫遠龍。筱強先生惠存，丁亥春徐明祥。」

收到此書時，尚是冰雪消融的春天，時光倏忽，轉眼又是北風呼嘯的寒冬了。這篇短制，本應早日出爐，唯因身陷行政案牘的煙雲之內，草腹不倫，耽筆數月。二〇〇七年十一月二十六日，明祥君的噓寒電話如當頭棒喝，啟動了我日益麻木的神經，既令我心中感愿，也使我曾經鮮活的精神血脈重新奔流，遂寫下以上拉雜如野草的文字，聊作寂寞路上偶拾的一朵淺淡小花，為明祥君的《潛廬藏書紀事》添一縷明明滅滅的清芬。

二〇〇七年十一月二十九日於夢柳齋
讀書作文以度三十四歲生日

金陵雁齋的書事燈影

如果說近年來我能夠成為東北小城裡的一顆「讀書種子」，真的要感謝身居內蒙青城的作家、書愛家張阿泉先生。通過他所著《躲在書籍的涼蔭裡》（四川文藝出版社二〇〇一年八月版）及其主編的《清泉》報，我先後知曉並結識了天南海北的一批「正版書蟲」：成都龔明德，海口伍立楊，北京楊民，濟南自牧、徐明祥，淄博袁濱，泰安阿瀅，以及南京的徐雁。阿泉在〈書苑生秋禾〉一文中開篇即道：

> 秋禾者，徐雁先生煮字之筆名也。斯人生江蘇吳縣，正品江南才子，年輕鮮活的書愛家，出燕園圖書館學系，供職南京大學，致力中國藏書史、江南文化、書話書評之研究創作，主編過《中國讀書大辭典》，責編過《雍廬書話》，寫過《秋禾書話》，筆下清流通脫雋逸，人更謙誠可愛……

讀了如此簡約傳神的文字，便心生對秋禾其人其書的神往。二〇〇四年夏，徐雁先生終於給我寄來了一本《徐雁序跋》（東南大學出版社二〇〇三年六月版，「書人文叢」之一），書扉簽有他端莊的硬筆字：「筱強書友閒覽，徐雁，甲申夏至於雁齋。」

通過《徐雁序跋》，我才知一九八四年，作者曾被母校北京大學分配至國家教育部機關工作。三、四年歷練之餘，深慨古人所云「原來官場不讀書」深意，遂毅然調回南京大學，潛心讀書，勤奮作文，如今更是在家著書，到校課徒，出行講學……過著一種契合自己心性的書香生活。在這一過程中，他真切體會到了「講書歸來衣袖香」高古而博雅的意境，獲取了「詩人例合三閒月，好是家藏萬卷書」的舒適、自由與精神恬淡。也是在這一過程中，雁齋主人秉承傳統文士精神，「焚膏油以繼晷，恒兀兀以窮年」，編著和創意、策劃了十數種與書有關的書籍，既有《秋禾書話》、《開卷餘懷》等個人書話集，亦有《蒼茫書城》、《中國舊書業百年》等學術專著，更有倡導構建書香社會的《到書海看潮》和《南京的書香》等普及性讀物，真可謂琳琅滿目，蔚為大觀，有讀其書如入寶山之感。

二〇〇六年，我通過孔夫子舊書網，郵購到一本徐雁的《雁齋書燈錄》（陝西師範大學出版社一九九八年九月版，「華夏書香叢書」之一）。這本「致力於養育『讀書人口』」的書話集，分為「秋禾書話」、「雁齋書後」和「書香盈邑」三輯，細敘讀書心得，點批齋中藏書，為「造就文化氛圍、鍾情書香以及誠播書種的人士」圖形存影。在序言〈雁齋主人的讀書燈〉中，作者講了一件頗為自得的事：

大學時代的一個朋友將自北京來，電話中云因天氣緣故說不準什麼時間抵達南京，讓其略述「雁齋」的特徵，以便進入南京大學宿舍區以後，能夠儘快找到「雁齋」。雁齋主人遂爽快答覆，如深夜到達，亮著黃色白熾燈光的即是我家。這樣的故事，讓吾輩讀來，不僅有「書林又增一逸聞」的忍俊不禁，又陡增「三朝老物誰陪我，一盞書燈六十年」的超然充沛之氣。

二〇〇八年一月，我在徐雁的博客上得知他的新著《雁齋書事錄》已出版，遂去電子信求一簽名毛邊本。盼讀此書，遂為我春節假期中一件期待的書事。除夕剛過，一冊十六開本、裝幀素淨的《雁齋書事錄》，便飛落夢柳齋案頭。

如果說《雁齋書燈錄》是雁齋主人埋首書齋生涯的一個縮影，那麼，這本「出雁齋記」——《雁齋書事錄》，就是雁齋主人雲遊四方訪書購書的書香生活的註腳。

作為「九年來行旅日錄的彙編」，在《雁齋書事錄》裡，作者身體力行精神壯遊和悅讀之旅，「以足為筆為墨，目耕山河文史」，是何等豪邁的讀書人氣概！作者於萬里行路中讀社會、歷史和時代這一部部浩瀚的「大書」，或如當代福建著名藏書家、福州市文聯副主席林公武在序言中說的：「寓目皆往昔之跡，所思則為當世之題，所論多求是之議」，其文字飽含生動細節，兼具書卷氣、辭章美和理性光芒，彰顯了作者「因機緣而出遊，寫時代之實錄」的愛好。

在與「觀萬卷書，探無窮秘」的求知大要相印證的同時，作者也為當下讀書人捧出了一席席令人豔羨、目接生香的文字大餐。可注意的是，在淘書訪友的行旅中，徐雁先生不僅援引豐富資料，對舊書刊書人、書事有所側重地予以詳解，更準確記下所訪書店的具體地址，為後來訪書的有心人提供了一張張「淘書導向圖」，用心良苦，實亦一樁功德也。

知堂老人曾說：「日記與尺牘是文學中特別有趣味的東西，因為比別的文章更鮮明的表出作者的個性。」雖然作者在本書「後記」中強調這本《雁齋書事錄》並非《雁齋書燈錄》的「續編」，但作為一個讀者，我們卻大可將此二書，還有他所有的著作，視為一以貫之的「姊妹篇」。因為讀徐雁的書，你會深切地感到，他書中延續的，是一個讀書人超拔清朗的書生情懷，一個文化傳播者始終不渝的踏實功課。他的勞績，早已如深秋黃得令人眩目的落葉，自石頭城中那間具有地標意義的燈影裡的「雁齋」，一片一片飛出，在時光中給人們帶來安慰生命的書頁的芳香。

二〇〇八年三月三日寫畢於夢柳齋
時春陽暖人，窗外楊柳已吐綠霧矣

老鄉高維生

二〇〇六年冬天，生於吉林的山東作家高維生，從遙遠的濱州給我寄來了他的散文集《酒神的夜宴》（山東電子音像出版社二〇〇五年四月一版一印）。數夜快讀之後，不僅使我倍覺「斯人乃吾鄉黨」的親切，更令我激動的是，維生先生的精神追求和文章血脈，使我頓生「在追尋精神高蹈的路上，自己並不孤單」的快樂和慰藉。

在《酒神的夜宴》一書中，維生先生分四個小輯低語人生的體悟，徊想大地的輪回，高舉精神的薪火，抒寫廢墟上的詩意。風中的獲草，故鄉的白樺，大地上的棗花井、泥土屋，海邊的老木船，平原上的野草和鮮花，城市中孤獨的向日葵，收藏歲月風雨的瓦當，北方的手風琴，旅途上的行雲，急驟的暴風雪，都那樣的讓作家凝神注視，思緒飛揚，心懷激蕩：「一片獲草，是土地的心靈史」，「古老的平原，驢踏著歌聲，拉著主人走在回家的路上」，「想念野地，它的安靜，荒涼」，「手風琴奏出的聲音像一朵流浪的火焰燃燒我的心」……這些浸滿陽光和水的語言與句子，如果不對自己生存的黑土地和大平原發自肺腑的熱愛，如果不對人生有著終極思索，是不可能寫出來的。作家不僅用人文的眼光觀察自然世界，更用心靈之眼觀照作家的使命，用悲憫的情懷感喟生命的尊嚴與命運的無助，用冷峻的態度批判和反抗物質與偽精神對人的戕害。因此，他尊崇托爾斯泰、雨果和魯迅，熱愛梭羅、蒲寧、普里什文和張煒；因此，他寫下了〈反抗與質疑〉、〈堅守與抵抗〉和〈沉重的飛翔〉、〈心的土地〉等篇什，讓與他「所見略同」的人眼含熱淚，夜不能眠。

今年四月，一個晴朗的日子，我又收到維生先生寄贈的散文隨筆集《午夜功課》(新世界出版社二〇〇七年一版一印)，藍綠相間的封面，一如作家沉靜的面孔。這本書的名字起得多好啊，既是作家謙遜品質的最好映證，也激勵所有「會思想的蘆葦」，不隨潮流走，坐穩冷板凳，在紅塵滾滾的人生路上，留下寧謐的午夜給自己，讓高貴的精神狂歡。

在《午夜功課》這本書裡，作家依舊以赤子的真誠，談中外作家作品，談自己的讀書心得，滿紙漫漶恣溢著樸茂簡拙的書生情懷。雖然個別篇章中的句子因奔湧的激情顯得有些擁塞影響了閱讀的樂趣，但卻毫不影響我們洞察和傾聽一個具有詩人血質的靈魂的呼告與歌吟。這呼告，是來自作家與生俱來的良知和大善的呼告；這歌吟，是來自泥土深處，飽含空氣、雨水、風雪、書香和渤海濤聲的歌吟。和作家那本《酒神的夜宴》一樣，這本小書帶給我的，除了對作家堅守心靈淨土的感動與由衷的敬意，更多的則是對生命的敬畏，對世俗生活的反思。活在物慾橫流的當下，我們的心靈真正需要什麼？是如亂花般迷人心眼的酒綠與燈紅，還是當工業化這只巨獸吞食一切時以聖潔的靈魂守住精神的純粹？毋庸置疑，在高維生的書裡，我找到了答案。

維生先生年長我十一歲，定居在渤海之濱，我和他至今尚未謀得一面，對他個人的經歷也所知甚少。但在我心裡，他是我地地道道的老鄉，因為讀了他的文章，我知道我們都是把精神生活看得比物質生活更重的一路人，都在用朝聖之心踏向人類薪火相傳的漫漫文明。一如他在〈精神成長〉一文中寫的：「精神是有選擇的，一個人讀的書，選擇什麼樣的文體寫作非常重要。」我想，在文學的道路上，作家之間的交往如同選擇文本一樣，是心靈和品質相互呼應的需要，也是有選擇的。只要聽從內心的指令，「同氣相求」的作家，早晚都會像兩塊磁石，相互吸引攜手;或像兩顆星子，在無涯的天際，用精神的光芒相互溫暖和燭照。在讀書寫作的途中，能結識精神世界豐饒如盛筵的老鄉高維生，我的靈魂無比欣悅。

兩本《掌上珠璣》

閒來無事，記起齋中有兩本名為《掌上珠璣》的小書。一本是內蒙作家阿泉的散文隨筆集，關於阿泉的文字，我已有別文論及。另一本是蘇聯作家弗・阿・索洛烏欣的隨筆集（又譯《手掌上的小石子》），這是作家以格言和短章的形式，對人生、社會、自然進行深刻思索和智慧總結的產物，是作家一生創作、經驗和人生閱歷的結晶。兩本小書，都是我喜愛的小冊子。下面錄幾節索氏的《手掌上的小石子》文字，真是晶瑩剔透且喜人。

> 好的音樂家應當保護自己的耳朵，不去聽壞音樂。好的詩人應當保護自己的耳朵，不去聽壞詩。就像葡萄酒和茶類品嚐員保護自己的嗅覺和味覺，不抽煙、不喝酒、不用調味香料，甚至刮臉後不灑香水一樣。

> 大家都知道，貞德有一句座右銘：「要是我不去，誰去？」當你對某些現代青年說，你們應該去做什麼什麼事情時，他們卻會脫口而出地問你：「為什麼要我去？」這是很值得加以深思的一個現象。

> 女人只有三種年齡：小姑娘，婦人，老太婆。當她成為一個婦人之後，多少年紀就沒有任何意義了，十八歲也罷，二十八歲也罷，三十八歲也罷……

夢柳齋讀書札記

一

陳平原在《京華買書記》的小引中這樣寫道：「如今『讀書人』的概念已不同往昔，不再是隨時準備出將入相的候補官僚。如今則不會因為你學問大或文章做得漂亮，就派你去當市長或省委書記。這也好，終於有了一批純粹的讀書人。北京的官多，北京真正的讀書人也多。」「雖說區區買書小事，無關家國興亡。不過，北京書業的盛衰起伏、北京人買書的遭遇心境，似乎也是一種值得重視的文化現象。」前一段話，表達了書生際遇「今不如古」的世態和書生「獨善其身」的曠達。後一段則向世人申明了讀書人在社會發展中的不可忽視的作用。雖然讀書人是其來有自的「少數」，但正是這些不可或缺的「少數」，代表著文明前進的方向，一如愛琴海岸的「飲日詩人」埃利蒂斯說的那樣：「請注意詩人的嘴唇，世界就靠他們」。

二

《聽風樓讀書記》是譯寫兼修的馮亦代老先生繼《聽風樓書話》後向讀書人精心奉獻的又一本枕上風中閒翻度時的佳冊。現在，我把這兩本書合璧放在床前的燈下。二書的大部分文字是作家為《讀書》雜誌的專欄「海外書訊」、「西書拾錦」所撰的「特供」，篇篇字數不多，千字左右，信息量大，佐以作家偶爾為之的「旁逸斜出」的雋語，就成了讓讀書人貪嗜的「扎實口糧」。如談到寫作的創新，馮先生在列舉了諸多美國作家的事例後，寫道：「創作而不創新，便會面臨失敗的深淵。只有不斷提高筆下的創作，才能寫出一部比一部更佳的作品。」

三

一九〇四年，年方三十的詩人里爾克開始寫作傳之久遠的筆記體小說《馬爾特手記》。這部由七十一個筆記斷片構成的小說，在精神的暗流中湧動著人類亙古不滅的主題：孤獨，恐懼，疾病，死亡，愛和上帝。在小說的開頭，年輕而才華橫溢的里爾克憂傷地寫道：「雖然，人們來到這裡是為了活著，我倒寧願認為，他們來到這裡是為了死。」讀完這悲愴萬分的句子，我感到自己一瞬間被不可抗拒的虛無攫住，倏爾默然淚下。

四

讀了幾年書，我在天南海北結識了一些讀書界的奇人。比如，內蒙青城的張阿泉，供職在「聲色狗馬」的電視傳媒界，卻力走邊緣，沉緬書海，一身「泉石之性」，慨人生之短暫、歎時光之飛逝，以「小隱於山，大隱於書」為立身之本，奉行「四奇主義」：讀奇書、交奇友、寫奇文、訪奇境。目前，已用自己年輕鮮活的心寫出了《掌上珠璣》、《躲在書籍的涼蔭裡》等讓讀書人喜愛有加的良冊。比如，四川成都的大學教授龔明德，給自己的書房取名為「六場絕緣齋」:「與官場、商場、情場、賭場、賽場、舞場絕緣」。即：不當官，也不與當官的親密交往；不做生意，也不與生意人勾搭；不在婚姻以外尋求愛情；不參與浪費時間和錢財的賭事活動；不與任何人鬥智鬥力以逞能逞強；不去與讀書無關的狂歡場所。正因如此，他寫出了《昨日書香》、《新文學散札》、《書生清趣》等一本本考據翔實、知識豐贍、讀書人庋藏必備的佳構。

五

博爾赫斯作為「一個博學而奇詭的迷宮建造者」，對於每個解讀他的人來說，一直是一座「小徑分岔的花園」，異彩紛呈得讓人迷醉又迷惘。為什麼會這樣呢？因為他用「一生都在寫作同一本詩集」，雖然在形式上他的作品面具眾多，但他總是讓人在恍惚中沉迷於接近真實的虛構。他以自己的詩歌的偉大為自己贏得不朽，他的歌唱完美地穿越了時空的灰塵：「死亡的欺騙——人與生俱來的骯髒」。

六

在十九世紀和二十世紀之交，在遼闊俄羅斯的思想領域，有一位純粹的思想家用自己精准的闡釋為迷惘的俄羅斯人民厘清了過去和現在，指明了未來。這個人就是尼・別爾嘉耶夫，這個人的著作就是《俄羅斯思想——十九世紀到二十世紀初俄國思想的基本問題》。他在這本書中最獨到而深刻的見解是：「東方與西方兩股世界之流在俄羅斯發生碰撞，俄羅斯處在二者的相互作用中，俄羅斯民族不是純粹的歐洲民族，也不是純粹的亞洲民族。俄羅斯是世界的一個完整部分，是一個巨大的東——西方，它將兩個世界結合在一起。在俄羅斯精神中，東方與西方兩種因素永遠在相互角力。」正因如此，「使俄羅斯民族精神具有一個根本性的特徵，即『兩極性』、『極化性』，亦即『對立面的融合』。」

七

在這個世界上，總有一些詩人的詩歌讓人回原初，讓人心頭溫暖。法國詩人雅姆無疑是這中間尤為人矚目的一個。這個來自「外省的詩人」（里爾克語），用自己清澈如山泉、如溪水般的詠唱，用自己純淨如少女、如鄉野星空般的心智，為我們帶來了遼遠而澄明的風。他在〈為帶著驢子上天堂祈禱〉中吟道：「在靈魂的居所裡，讓我俯身／您的神聖水流，我願同驢子一樣／從它們卑微溫順的貧陋，鑒照出／永恆之愛的晶瑩剔透。」這樣的句子，讓我們有理由堅信：塵世中總有一些金子般的美好值得熱愛，總有一些溫善而古往的心靈值得注目。

八

「擁有另一個歐洲」的波蘭詩人米沃什，雖然在自己的回憶錄《米沃什詞典》一書中承認自己「是西方文化的追慕者」，但對西方享有盛名的作家依然有自己理智的、愛恨分明的判斷。如，他非常感激叔本華這位哲學家，因為「他對世人影響最大的一個觀點是：通過藝術取得自由。」他讚賞艾略特的作詩法：「他用不可能性、匱乏和廢墟來建構詩歌。」而對薩特的情人波伏瓦極度反感，因為波伏瓦與薩特聯手攻擊卡繆、撰寫《名士風流》一書時所表現出的下作，米沃什稱波氏為「下流的母夜叉」。米沃什的真誠和坦率，讓我喜歡上了他，因為他「用人性填滿了黑暗的宇宙。」

九

普里什文，是蘇聯為世界貢獻的又一位從土地出發又守望土地的作家，他用一生的作品描寫大自然的生活，吟唱與自然血脈相連的人的富於創造性的辛勤勞動。這位親切地稱「湖是大地的眼睛」的作家，在《林中水滴》一書深情地寫道：「我想的是，大自然出的主意有多麼好——它為我們安排了這樣的生活，不讓我們長命百歲，不讓我們來得及親身無遺地閱歷一切，因此，使我們覺得五光十色的世界是無窮無盡。」

十

《契訶夫手記》一書彙集了作家在「嚴肅正直的生活中隨手記下來的瞬間的感觸」，或速寫，或短札，或日記，這些「比麻雀鼻子還短的東西」，色彩鮮明而簡潔，淋漓展示了作為醫生的契訶夫深刻而精准的觀察力和概括力，以及令吾輩弄文字之人驚歎折服的想像力。他這樣描述土地的肥沃：「這一帶的土壤好極了，你種一根車杠下去，過上一年就能長出馬車來。」他還告訴我們：「人不能抵抗惡，但能夠抵抗善。」「邪惡——這是人生來就背著的包袱。」「頭腦必須清楚，心地必須純潔，肉體必須乾淨。」

十一

在法蘭西美術史上，還沒有哪位畫家像德拉克羅瓦那樣，使自己的日記（回憶錄）與美術作品一樣的出名。一八二二年，二十四歲的德拉克羅瓦開始了令自己「心潮澎湃」日記生涯。經過整理，在長達一千四百三十八頁之多的日記裡，德拉克羅瓦以優美的筆觸、真實的生活原貌和心路歷程，為我們進入這位傑出的、獨特的、既傳統又浪漫的畫家的心靈打開了大門。德拉克羅瓦畢其一生在創作上不斷探索前進，他所有的作品都忠實地映照著他堅守終生的信條：「真正能使我為之醉心的，只有畫出的幻象，其餘一切都不過是過眼雲煙而已。」讀他的日記，如同讀他的畫作《自由在引導人民》或《晨梳》一樣，讓我們心中充盈或激蕩不息或寧靜如水的情愫。

十二

在《黑格爾通信百封》一書中，譯者簡要記述了天才詩人荷爾德林苦難的一生。雖然，荷爾德林和黑格爾、謝林「是在圖賓根這個德國南方符騰貝格城市裡同時升起的、十九世紀歐洲文化的三顆巨星」，但與謝林少年成名、黑格爾自一八一六年即穩定佔有大學教授講座不同，一七七〇年出生的荷爾德林，在經歷幼年喪父、青年失戀和收留自己的好友辛克萊被誣入獄的種種打擊下神經錯亂，在黑暗中度過了三十六個年頭，於一八四三年辭世。他的詩作《故鄉》幾乎是他一生的寫照：「滿載的舟子，從遠方島嶼，／歡愉地迫轉靜寂河上的故鄉。／我也要這樣回到生長我的土地，倘使懷裡的財貨多得和痛苦一樣。」「給予我們上天之火的眾神，／也為我們帶來了神聖的痛苦，／正因為這樣，一個大地的兒子，／我生來似乎就為的是去受苦。」

十三

在法國美術史上，還有一位更偉大的藝術家，他就是眾星之中的巨星、劃時代的雕刻大師羅丹。羅丹的一生，是創造美的一生。他不僅在藝術實踐中為我們貢獻了諸多「美的禮物」，更在藝術理論上為我們寫出了兩本小書，一是《羅丹藝術論》，一是《法國大教堂》。他在《羅丹藝術論》中告訴我們：「藝術就是感情」，「在藝術家看來，一切都是美的，因為在任何人與任何事物上，他銳利的眼光能夠發現『性格』，換句話說，能夠發現在外形下透露出的內在真理；而這個真理就是美的本身。」「在藝術中，有『性格』的作品，才算是美的。」《法國大教堂》並非一部學術研究著作，而是以歌頌法國哥特式大教堂為中心主題的雜感集，是藝術家在動盪不安的時代中，為解決諸如雕刻與建築、雕刻與外光關係等問題對中世紀教堂的考察筆記與心得體會，「不是剖析大教堂」，是要把「活的大教堂出示給生命。」羅丹在這本書裡深情地寫道：「我沒有到過印度，也沒有到過中國，……。但是，我愛法蘭西的原野」，「有了哥特式藝術，法國精神充分發揮出它的力量」，「大教堂，這便是法蘭西。」

十四

就像每個人在日常生活中都有自己的習慣一樣，作家也有各自的寫作習慣甚至是癖習。據我所知，在西方，海明威一大清早就起身寫作，並且是站著寫；黑人作家詹姆斯・鮑德溫要在夜深人靜後才開始寫作；羅伯特・弗洛斯特愛脫了鞋把鞋底當書桌使用；卡波特構思要躺在床上；莫爾寫詩時常常脫光衣服；大仲馬寫作時，善於用多種體裁，往往因體裁不同而使用不同顏色的紙：寫小說用藍紙，寫詩用黃紙，其他文體用淺紅色紙；羅曼・羅蘭寫作時，在案頭上放一面鏡子，時刻觀察自己的面部表情，借此刻畫作品中的人物；巴爾扎克寫作前，總要飲一杯咖啡（慢性咖啡中毒是他的死因之一），每當寫作時，時而大笑，時而悲哭，常常與作品中的人物對話，有時竟和作品中的人物大吵起來。在中國，詩人海子寫作習慣把雙腳浸在水裡；散文作家葦岸則下午用來睡眠，而在一天中頭腦最為清醒的上午進行寫作。

十五

繼續談作家的寫作習慣。拉辛（Jean Racine）習慣邊走邊思考，有時在庭院裡發瘋似的來回走幾百遍，反覆推敲。涅克拉索夫（Nikolai Alekseevich）寫作時，習慣躺在地板上。福樓拜（Gustave Flaubert）習慣白天休息，通宵寫作。他房間的燈光徹夜通明，竟成了塞納河船夫的航標燈。

美國作家馬克・吐溫（Mark Twain）為了求得一個安靜的寫作環境，經常帶足乾糧和水，駕一葉扁舟，泛舟海上，在這樣的情況下，他寫作起來得心應手，進展甚快。法國作家司湯達，為使筆調鏗鏘，每天早上都要讀兩三頁民法。

史蒂芬・金（Stephen King）在他的《寫作》一書中，他說他能從不間斷的每天寫下十頁，即便是在節慶假日也一樣。這是一個不小的工作量，當然也導致了一個不可思議的結果：史蒂芬・金是我們這個時代最多產的作家之一。

弗拉基米爾・納博科夫（Vladimir Vladimirovich Nabokov）和海明威相似，是站著寫作的，而且都是寫在索引卡片上，這種方法可以讓他不在乎連續性地寫下各種場景，然後他可以按照自己的意願重新組織整理這些卡片。

杜魯門・凱波特（Truman Capote）說他必須得躺著才能寫作，在床上或者沙發上，叼著煙拿著咖啡才行。咖啡稍後會換成茶，然後是雪利酒，在一天要結束的時候，已經變成了馬提尼。他先用鉛筆寫下第一、第二甚至第三稿，最後用打字機完稿。

菲力浦・羅斯（Philip Roth），現在還活著的最偉大的美國作家之一，他也是站著工作的，一邊走圈一邊思考。他聲稱自己每寫上一頁都得走上半英里。他把他的工作和個人生活分離開來，生活中從不寫作——他有一個離他家很遠的工作室，他的工作臺背對著他工作室的視窗，以免被分心。

喬伊絲・卡羅・歐茨（Joyce Carol Oates）喜歡跟我們一樣平常的手寫。她說，在沒有正式安排的日子裡，她更喜歡在早晨，特別是早餐之前寫東西。她是一個極具創造性的寫作教授。當她有課的時候，她說她寫上四十五分鐘至一個小時之後才去上她的第一節課，其他的沒課的日子裡，當她寫得漸入佳境時，她可以不帶休息地連續寫上幾個小時——在下午兩三點才開始吃早餐。

十六

沈從文在《從文自傳》裡寫道：「為了讀過些新書，知識同權力相比，我願意得到智慧，放下權力。我明白人活到社會裡，應當有許多事情可作，應當為現在的別人去設想，為未來的人類去設想，應當如何去思索生活，且應當如何去為大多數人犧牲，為自己一點點理想受苦，不能隨便馬虎過日子，不能委屈過日子。」

寫這段話時，從文先生年方三十，是「學習用筆十年」後在青島教散文習作時用力最勤的果實。五十年後，作家說其時自己「手中一支筆，也只能說正逐漸在成熟中，慢慢脫去矜持、浮誇、生硬、做作，日益接近自然。」這本小書，因其文筆的寧靜沖和和內容的豐富真實，作家汪曾祺由衷地讚美道：「我對這本書特別感興趣，是因為這是一本培養作家的教科書，它告訴我們是怎樣成為詩人的。」而令我們感喟的是，作家當年「不能委屈過日子」的理想還是未能貫穿一生。「文革」期間，他陷入非人的境地，不僅遭到無數次的批鬥，每天還要打掃歷史博物館的廁所。後來，他又被下放到多雨泥濘的湖北咸寧接受勞動改造。

十七

作為美國超驗主義的代表作家之一，梭羅不僅為我們貢獻了《瓦爾登湖》、《在康科特與梅里馬克河上一周》等優秀的散文瑰寶，還留下了大量的書信和十四冊日記。這些在梭羅生前即寶愛的散札軼冊，堪稱「有意識地讓文學性向日常生活延伸和滲透的範例。」隱居湖畔林地的梭羅，用自己一顆敏感而熾熱的詩心觀察、思索並記錄下一隻鳥、一棵樹、一次散步或一番哲學思考，讓我們在他優美簡潔的文字中追尋大自然的詩意和人生的啟迪：「藍知更鳥用背馱來了蒼天」，「詩人必須不斷地觀測自己內心的情緒，就像天文學家觀測天象」，「真正高貴和深沉的個性並不顯山露水，就像國王或征服者並不行走在軍隊的最前列。」

十八

讀書是有癮的。多年來，我的嗜書之癮之所以能夠形成，是因為我能夠在閱讀中尋找並發現內中的詩意和哲思，並在持續不斷地閱讀中獲得生命的愉悅和心靈的沖和，即使在別人眼中甚為枯燥的文本亦是如此。如，讀湯瑪斯·莫爾的《烏托邦》，讓我知道「低級快樂一定帶來痛苦後果。」讀海德格爾的《在通向語言的途中》，我會對「一首詩的偉大正在於它能夠掩蓋詩人這個人和詩人的名字」甘之如飴，並發出會心的一笑。

十九

作為當代中國詩壇的神話之一，一九八九年陽春三月，年輕的詩人海子放棄了自己的肉體生命，讓美好的青春定格。十年後，中國文聯出版社出版了崔衛平編的一本兼有「文化懷念」和「思想探析」的文集《不死的海子》。這本大三十二開、黑色封面的集子，和《海子詩全編》、《海子的詩》、《海子駱一禾作品集》、《海子評傳》一樣，不知被我翻了多少遍，伴我度過了無數個不眠的冬夜與春晨。關於海子的評說是喧嘩的，唯有海子的詩是純淨的，美如高原上的湖泊。在這個物質佔領一切、慾望縱橫街頭的時代，或許，海子的早逝也是一種詩的逃離，進入並擁有了「永恆的幸福」。這不禁讓我想起孟浪一首題為〈往事〉的小詩中的句子：

你們為我流淚，為我去了教堂
我被掩埋了，被徹底遺忘了
多好啊，詩人手中攥著一把天上的沃土。

二十

讀《弘一法師年譜》（林子青編著，宗教文化出版社一九九五年一版一印），我喜歡在昏黃的白熾燈下，將其與寺院流通的《晚晴老人講演錄》和臺灣版的《索性做了和尚》放在一起對讀。在靜靜的閱讀中，內心深敬大師「明昌佛法，潛挽世風」的冰雪品格。一九三五年十一月，大師在泉州臥病草庵寺月餘，後移至南普陀寺靜養。他在病榻上擺了一鐘，總慢半點，謂為「草庵鐘」，以示不忘草庵生病之情形，為自己的德薄業重感到慚愧。一九三七年，大師又自號為「二一老人」，此由古詩「一事無成人漸老」和吳梅村絕命詞「一錢不值何消說」二句化來，意蘊深遠浩渺，冷寂入髓，令吾輩今天讀來，仍覺謦欬在側，醍醐灌頂，悚然自警，立斷了車馬功名之念。

二十一

丹麥哲學家克爾凱郭爾在而立之年寫下了洋洋萬言的《或此或彼》，這本出版於一八四三年的大書，是克氏作為思想家的第一本專著。全書主旨意在表明：存在的本質即是選擇——要麼這樣，要麼那樣；不同的選擇之間不存在哪一個比另一個優越，更不是線性地由低到高的發展。在克氏看來，人的存在和發展有三種不同的生活方式（或曰三個階段）審美人生、道德人生和宗教人生，而最高境界為宗教人生，人擺脫了世俗和道德的束縛，憑信仰生活，他只作為自己而存在，面對的只是上帝。美學的英雄通過征服而偉大，宗教的英雄則通過忍受而偉大。閱讀克氏的《或此或彼》、《克爾凱郭爾日記選》和林和生著的《孤獨人格——克爾凱郭爾》，我不僅為克氏精美絕倫的思想沉迷，更為他畸零孤寂的一生喟歎，他說：「我只有一個朋友，那就是回音。」「不幸的命運啊！你徒勞地敲響你那愚人的鐘聲。」「我生命的成就完全等於一無所有，一種心境，單一的色彩。」

二十二

鮑爾吉・原野是內蒙古大草原用遼遠和空靈鍾毓出的一個優秀作家。他用自己灑脫無羈的文字和幽默睿智的神思，為我們寫出了《善良是一棵矮樹》、《掌心化雪》、《百變人生》等數本供我們枕邊、廁上、風中閒翻的良冊。讀原野的文字，你會覺得生活中的一切場景都因為我們的凝神注視而閃閃發光：記憶中的故鄉，善良的鄉親，粗礪的大野，精緻的閱讀，含著熱淚的同情，對未來的信念等等。原野的散文隨筆並不瑰偉，但他用詩人般敏銳的眼光發現並捕捉生活中的細節，用看似不動聲色的筆觸營造了富於意蘊的詩意和趣味，讓我們奔波於滾滾紅塵的心靈深受觸動和感動。他說：「鄉情如葡萄將眾多面龐堆在一起看我。」「天地間，月在上，蕎麥地在下，我披著衣蹲著。」「有時，穿過很長很黑的洞穴，也找不到記憶之門。」

二十三

《活出意義來》是奧地利著名精神醫學家、維也納精神治療法第三學派的代表人物維克多・弗蘭克（Viktor Emil Frankl）的一本小書。作者在「二戰」期間，曾是納粹集中營中的囚犯，他的雙親、哥哥、妻子，不是死於牢獄，就是被送進了煤氣間，僅存他和妹妹，在漫長的牢獄生涯中，他遭受了我們難以想像的身心折磨。「一位曾親身經歷這種慘絕人寰遭遇的精神醫學家，他的話必然值得我們洗耳恭聽。他這種人，必然能夠以睿智和悲憫的眼光來盱衡人類的處境。」正是苦難，讓弗蘭克在「除了這寒傖可笑的一身之外別無餘物可供喪失」之時，發現了選擇對於人類生命的獨特意義：人「有能力」保留他的精神自由及心智的獨立，即便是身心皆處於恐怖如斯的壓力下，亦無不同。人所擁有的任何東西，都可以被剝奪，惟獨人性最後的自由——也就是在任何境遇中選擇一己態度和生活方式的自由——不能被剝奪。

弗蘭克的這種論斷和崇尚的精神，一如列夫·托爾斯泰堅守的「整個生命的高尚和嚴肅」，「執著於崇高、偉大的理想」，讓我們卑微的靈魂感到安慰，這些人類中的少數意義非凡，正是我們生命存在的信念支撐。

二十四

我喜愛的的日本作家為數不多，谷崎潤一郎是其中的一位。我喜愛他，主要是因為他的那冊薄薄的小書《陰翳禮贊》（三聯書店一九九二年版）。這本散文集僅一百三十三頁，共收入谷氏珠玉般的六篇散文。作者以其特有的舒緩語調娓娓絮語，向我們闡述陰翳之美，談論懶惰之意，明析戀愛與色情的關係，述說晚年的厭客情懷，漫話旅行的樂趣與苦惱，甚至「關於廁所」這樣的話題也讓他寫得妙趣橫生。如果我們能夠在奔波勞頓的紅塵中靜下心來，只消一個夜晚就可把此書讀完，而讀完了，又是想再讀它的開始。讓我們共同領略穀氏的妙語吧：

> 美人的肌膚不論怎樣珠圓玉潤，如果把臀部和臭腳裸露在別人面前，終歸是失禮行為。
>
> 雖然我們並非一概排斥閃閃發光的東西，但我們喜愛深沉暗淡的東西，而不是淺薄鮮明的東西。不論是天然玉石還是人造器皿，它們都應帶有混沌的光澤，一定要使人聯想到歷史的情趣。

二十五

一六一三年生於巴黎的拉羅什富科（François VI, duc de la Rochefoucauld），年輕時曾是一位狂熱的投石黨公爵，成熟以後轉而成為清醒的悲觀主義的一代聖哲，他成為法蘭西「那個處於巔峰的古典文學的偉大世紀」佼佼者，是因為他為人們留下了「人生寶典」、「聖者佈道」般的《箴言集》，為那個「上流社會中有教養的人」的理想的偉大世紀添了光彩。他的句句箴言，穿越了世紀的風塵，直至今天，依舊如星星閃閃發光照耀著我們心靈的天空。他說：「人們所謂的德性，常常只是某些行為和各種利益的結合，又是天賜的運氣和自我的精明巧妙地造成。男人並不總是憑勇敢成為勇士，女人亦不總是憑其貞節成為貞女。」「激情常常是最精明的人變成瘋子，使最愚蠢的傻瓜變得精明。」「確實，愛就像精靈的模樣：滿世界都在談論，卻沒有見過一眼。」「男人只有在情婦的魅力消失了的時候，才看得見她們的缺點。」「年老瘋子發起瘋來比年輕瘋子更厲害。」

二十六

一生貧困潦倒、命運乖蹇的英國作家喬治・吉辛（George Gissing），因為堅信「藝術家的作品，無論使用的是什麼材料，都一直是世界健康的源泉」，不僅沒有喪失對生活、書籍和大自然的熱愛，更以優美清澈純淨的思想、流暢的文字為我們寫下了一本最富自傳色彩的小品文集《四季隨筆》。

在這本書裡，吉辛以隱士賴克羅夫特的口吻，傳述了自己對文學的熱愛、對大自然的親近和對恬淡安謐生活的嚮往追求。吉辛簡樸動人的情懷和細膩入微的哲思在全書「春、夏、秋、冬」四個部分均有呈現：「清晨的微風中有樹枝的沙沙聲響；有出著太陽的暴風雨吹打窗子的音樂；有鳥的晨歌。……在這樣的時候，唯一使我感觸的不安，便是想到人世的無意義的喧嚷中，我浪費了一長段的生活。」（〈春〉）「哎，那些我永遠不能再讀的書啊。它們給人歡樂和比歡樂更多的東西。它們在記憶中留下一種芳香。但是生命永遠從它們旁邊過去了。」「我絕不主張我自己的目的指示一種理想，一切人追求它都是最好的。對於另外一個出身和教育與我相同的人，同樣艱苦的經驗可以發生完全不同的影響，他可以和窮人成為一體，並終生被高貴的人道主義燃燒。」（〈秋〉）

出於對吉辛和他的這本小書的喜愛，我不僅購藏了鄭翼棠譯的湖南文藝版，還買了李霽野譯的上海人民版兩個版本，在「春風、夏雨、秋月和冬霜」的夜晚對讀，在舒緩的聆聽中，讓吉辛的清談洗濯血液和日漸蒙昧的心靈。

二十七

法國作家儒勒・列那爾（Jules Renard）名字我是在作家葦岸的散文集中第一次讀到的。經過幾年的尋找，我終於在網上書店買到百花文藝版的《列那爾散文選》。

這本小書共收入列那爾的三部作品：《胡蘿蔔鬚》，用諸多獨立城篇的故事記述了一個在家裡飽受虐待的兒童，由於內中文字揉進了作家本人幼年的切身感受，通篇充滿了「諷刺和憤怒，筆致淒婉」且富於冷雋的幽默；《自然紀事》，凡七十篇，用濃郁的深情描寫了自然界的動物和植物；一八八七年至一九一〇年間的《日記》，主要記述了自己的讀書心得，交遊見聞和雜感草稿。在這部分文字中，我更偏愛《自然紀事》，因為它更能凸現列那爾一貫主張的「我明天的句子是：主語、動詞和謂語」、力寫短句的主張與風神。如：「漆黑的，扁扁的，像個鎖洞。」（〈蟑螂〉）「這只長大了的兔子。」（〈驢〉）「有什麼事呢？晚上九點鐘了，他屋裡還點著燈。」（〈螢火蟲〉）「一粒帶彈簧的煙草種子。」（〈跳蚤〉）

二十八

《論攝影》是瑪麗・麥卡錫（Mary Therese McCarthy，美國文學的黑王后）的繼承者、美國作家蘇珊・桑塔格（Susan Sontag）

「動搖傳統批評禁忌」、關於攝影意義及其發展歷程的顛峰之作，一經出版，即當之無愧地成為攝影藝術世界最具探索、實驗和革新精神的優秀成果。

在這本書裡，蘇珊・桑塔格思想的吉光片羽不斷地呈現，折射著作家驚人的洞察力。她說：「收集照片便是收集世界。」「拍照活動本身乃是一種慰藉，是平復那種很有可能由於旅行而加劇的普遍的迷惘情緒。」「攝影是一種追魂的藝術，一種薄暮時分的藝術。」「凡照片，都是消亡的象徵。」「遭遇苦難是一回事，與受苦受難的攝影形象同呼吸共命運卻又是另一回事了。」因為這些令人品咀再三的雋語，讓我喜歡上了這位女作家。

而關於蘇珊・桑塔格本人，她的兒子（也是作家）有著這樣精準又幽默的評價：「她能夠在同一個晚上去都市歌劇院，接著在麗池大飯店夜宵之後，於凌晨兩點到一個夜總會去聽一幫新納粹分子的無聊話，第二天上午再起來會見一些克里米亞的異端分子。這是一個好奇心永不滿足、對世界的興趣永無窮盡的女人。」

二十九

如果有人問我在博雜的閱讀中，哪一位哲學家最契吾心，我會毫不遲疑地脫口而出：「叔本華。」當然是叔本華（Arthur Schopenhauer），那個生於德國的地地道道的人生哲學家。因為在我青春勃發的歲月裡，是叔本華讓我洞悉了人生的本質與真相、生命的豐富與虛無、生活的意義與荒謬，從而讓我在不斷地前進和不斷的困厄中保持堅忍的態度和冷靜的頭腦。

叔本華說：「人的一切慾望的根源在於需要和缺乏，也即在於痛苦。因而，人生來就是痛苦的，其本性逃不出痛苦之股掌。相反，假若人可以輕易地獲得滿足，即消除他的可欲之物，那麼，隨著他欲求的對象的消失，可怕的空虛和無聊就乘機而入。這就是說，人的存在和生存本身就成為他難以忍受的煎熬。由此看來，人生，就像鐘擺一樣，逡巡於痛苦和無聊之間。」我不僅為叔氏這樣的核心思想唏噓和讚歎不已，更對他散珠碎玉般的箴言喜愛有加。如：「人間即是偶然和謬誤充斥的王國。」「虛榮的本意，原不過是空洞與無聊。」「把人生看作一個燃燒過程，智慧就是這個過程所產生的火光。」

三十

在精神分析領域，如果拿個人的好惡作為尺子，雖然佛洛伊德（Sigmund Freud）是當之無愧的大師，但我更喜歡瑞士的榮格（Carl Gustav Jung）。以那篇著名的論文〈論原慾的象徵〉為標誌，榮格在提出了自己對「原慾」的領悟和觀點的同時，也斷送了自己與佛洛德的友誼。這是因為，榮格是一個有獨立精神的人，他遵照自己思想的引領，為我們奉獻了屬於榮氏本人獨特的精神豐筵。

榮格在深入研究東方人和西方人不同民族的風俗、信仰、實踐和神話之後指出，東方人的心總是內傾的，而西方人的心總是外傾的。除了在分析心理學中榮格提出了「集體潛意識」、「外向性」和「內向性」的「性格學」外，在藝術理論上，榮格有這樣的基本思想觀點：「藝術作品的本質，並不在於去發現潛藏於其中的人的個性，而在於去發現從藝術家的思想和心靈到人類的思想和心靈中的那種高出於個性和表述出來的東西。因此，藝術中的個性是一種局限甚至是一種缺陷。這就是說，藝術不屬於個人，而是屬於集體。」榮格的名言是：「不是歌德創造了《浮士德》，而是《浮士德》創造了歌德。」

三十一

在美國的文學史和環保史上，有一位與梭羅同樣重要的人物，他就是奧爾多・利奧波德（Aldo Leopold），他的那部與梭羅《瓦爾登湖》佔有同等重要位置的自然隨筆與哲學論文集就是《沙鄉年鑑》。

和梭羅一樣，利奧波德是一個熱心的觀察家，一個敏銳的思想家和一個造詣極深的文學巨匠。在《沙鄉年鑑》這本薄薄的小書裡，利奧波德以深邃的哲思和優美的文筆細敘了他在威斯康星「木屋」農場裡一年四季發生的事情，追憶了自己致力於科學研究而經歷的痛苦教訓，最後以一篇〈土地倫理〉對自己的觀察與思考進行了理性的概括，得出了客觀認識人和自然關係的生態學結論，向人類發出了建立新的倫理意識、尊重土地、熱愛土地的呼喚。他在書中深情而真摯地寫道：「一個保護主義者是一個這樣的人，即在他每次揮動斧子時，他非常謙卑地知道，他在正他的土地的面孔上寫下自己的名字。」「我不能想像，在沒有對土地的熱愛、尊敬和讚美，以及高度認識它的價值的情況下，能有一種對土地的倫理關係。」

三十二

一九五六年榮獲諾貝爾文學獎的著名詩人希梅內斯（Juan Ramón Jiménez），生於西班牙南部一戶農家，雖從父命學習法律，但卻專心於文。在現代詩歌創作中，他擺脫舊體格律詩的窠臼，以富於生活氣息的清新之作開闢了一代新風，成為名符其實的西班牙現代抒情詩的創始人。

一九〇四年，年方二十三歲的青年希梅內斯童心未泯，由於父親離世而時常生活在童年的回憶之中。他把孩提時代與他一起玩耍的那頭銀灰色的小毛驢當作朋友和親密的夥伴，給它取名「普拉特羅」（小銀），與它傾訴衷腸，帶著它與小朋友玩耍，與大自然對話，由此寫出了傳世的小書《小毛驢之歌》。詩人對故鄉的熱愛與眷戀的赤子之心，對窮苦人的憐憫與同情都凝聚在《小毛驢之歌》的每一章的字裡行間。這本薄薄的散文詩集，是詩人譜下的一曲安達盧西亞田園的哀歌，畫下的一幅展示家鄉莫蓋爾的風情畫卷。

讀希梅內斯的這本小書，你會情不自禁地對鄉村生活充滿無限的嚮往：「古老而巨大的無花果樹陰下，灰色的樹盤根錯節，像是黑夜裡露在裙子外面的一條條肥胖的大腿。」「普拉特羅，我們的生活似乎沒有了奔頭，而一想到天使，人們又有了信心，充滿了力量。這力量發自內心，它更純潔『更高尚』更持久。」

三十三

詩人海子生前曾和作家葦岸說想讀一些關於大地的書，並與漢姆生（Knut Hamsum）的《大地的成長》沾點邊兒。漢姆生，挪威作家，一八五九年生於居德布蘭谷地一個貧苦農民家裡。在早年度過流浪美國、當農工和教師的生涯後，潛心創作，先後寫出了《現代美國的精神生活》、《饑餓》、《神秘》、《牧羊神》和《維多利亞》等小說。

一九一七，他出版了標誌自己創作最高峰的《大地的成長》，以這部「挪威小說中的經典作品」而獲得諾貝爾文學獎。小說描寫了一個莊稼漢的故事，沒有作家早期作品中那些引人入勝的情節和詩情畫意，但字裡行間散發著濃郁的生活氣息，寫出了誠實莊稼漢對土地的眷眷依戀之情、荒山老林裡人與大自然之間親密無間的關係，使這部作品具有強烈的藝術感染力，被人親切地稱為「土地的讚美詩」。作品開篇寫道：「那條越過茫茫荒野直達高山密林的漫長大道——是誰最先將它踩出來的？人，一個首先來到這裡的男人。他來之間沒有路。」這樣的話，讓人禁想起魯迅說過的大意如此的句子：「世界上本沒有路，走的人多了也便成了路。」

三十四

燕談錄，是指思想家或作家於席間的談話，由門徒或友輩等記錄成書。因其所言隨意、舒放自由、親切可感，且常有妙語如珠、宏論如流，讀來如見其人，如聞其聲，歷來為讀書人青眼有加。威廉·赫茲里特（William Hazlitt），就是這種散文體裁中的傑出代表。這位與查理斯·蘭姆（Charles Lamb）齊名的浪漫主義時期的英國散文作家，為我們留下的傳世著作就是彰顯其行文汪洋恣肆、觀點獨特新穎的《燕談錄》。

在這本小書裡，赫茲里特在不經意之間把一些平凡的道理說得不同於平常的作家，加之其特有的調侃與諷刺，常常語出驚人、如武林高手出招匪夷所思，更增加了他隨筆的迷人魅力。他說：「（對性格）知道得越多，就瞭解得越少。」「老朋友就像吃過多次的菜，既不新鮮也不衛生。」「生命中最愉快的事情就是，和你周圍的人一樣，不要太好，也不要太壞。如果你位於其下，你會被人踩；如果你位於其上，你會很快發現，正因為你高高在上，與眾不同，你會覺得自己被置於受辱的境地。」

三十五

赫西俄德（Hesiod），是繼荷馬之後古希臘最早的詩人，是古希臘歷史上第一位個人作家。他的長詩〈工作與時日〉雖在形式上不夠完美，但與浪漫主義氣息濃厚的《荷馬史詩》相比，因其寫事具體、敘述與教誨合一，形式雜糅了抒情詩、田園詩和寓言的風格，處處給人以清新之感，被人們稱為「一支光榮的歌」。

在這首長詩裡，時時有優美有趣的句子讓人停頓下來欣賞，如同流連無限風光：「在菊芋開花時節，在令人困倦的夏季裡，蟬坐在樹上不停地振動翅膀尖聲嘶叫。這時候，山羊最肥，葡萄酒最甜；婦女最放蕩，男人最虛弱。」「不要面對太陽筆直地站著解小便，要記住在日落日出這段時間裡幹這事；不要在行路時解小便，無論在路上還是在路旁；不要赤身裸體；黑夜屬於快樂的神靈。「不要拿不義不之財，因為不義之財等於懲罰。給予是善，奪取是惡，它會帶來滅亡。」「當獵戶座和天狼星走進中天，牧夫座黎明時出現在玫瑰色的天庭時，佩耳塞斯啊，你要採摘葡萄，並把它們拉回家。」

值得一提的是，這首長詩作為西元前八世紀唯一的文學作品，又以現實生活為題材，自然而然成了研究希臘神話、古希臘農業技術、天文學和記時的重要文獻。

三十六

當代詩人中，我比較喜歡西川，這不僅僅因為他編選了我喜愛的詩人海子的全集，更因為他的作品凸顯出大家氣象，有一種不受文體限制的放鬆與自由，這需要雄厚的知識和過人才氣與技藝作底子。西川的詩寬容、開放、有散文化傾向，在內容上讓平常生活成為陌生與不確定，而又細微地將時代裁剪。

他的寓言故事形式及箴言經文的語句又形成了向純粹古典的回歸與審美自主的精神和寫作原創的理念。他在不經意之間，把生活的片斷組成了寓言，無名的小人物或是妖怪、妖仙、小老兒、幽靈，讓噩夢和遊戲構成交會，沮喪與諷刺構成默認和融合，讓詩句構成似是而非的表述，背後是黑暗的隱義。如果說但丁追求的是不朽、莎士比亞追求的是此生此世、卡夫卡追求的是虛無，那麼，西川為人們寫下的只是瞬間，並且是不真實的瞬間，尷尬，還有荒謬。

我先後買了他的詩集《西川的詩》、散文隨筆集《水漬》、《讓蒙面人說話》、詩文集《深淺》和譯著《米沃什詞典》。此外，詩友艾蒿還送我一冊西川的詩集《隱秘的匯合》。在他詩歌裡，我尤其喜愛他的《夕光中的蝙蝠》，開頭和結尾能夠朗朗成誦：「在戈雅的繪畫裡，它們給藝術家／帶來了噩夢。它們上下翻飛／忽左忽右；它們竊竊私語／卻從不把藝術家叫醒／／……在古老的事物中，一隻蝙蝠／正是一種懷念。它們閒暇的姿態／挽留了我，使我久久停留／在那片城區，在我長大的胡同裡」。

三十七

《論農業》是古羅馬作家瓦羅（Marcus Terentius Varro）在八十歲時為其妻鳳達尼婭寫的一本關於農業技藝的小書，約寫於西元前三十七年。全書共分農業、家畜、小家畜三卷，分章節對農業結構、土地質量、生產工具的使用，對葡萄、胡桃、無花果、橄欖等乾鮮果品的栽培管理，穀物、豆類等作物的播種、管理、收穫，多種農作物的貯藏及加工出售等做了詳盡描述。同時，還論述了牛、羊、豬、驢、馬等牲畜的起源、飼養管理、使用方法，以及用於農業生產的各種牲畜的形態及效力的年齡，各種小動物的飼養如對畫眉、孔雀、母雞、兔、魚、蜜蜂等，以及對各類鳥舍的結構到鳥的飲食習慣、繁殖等都作了概述。

由於瓦羅寫這本書在形式上採用了對話體裁，使枯燥乏味的內容變得趣味橫生，引人入勝。在閱讀此書的過程中，我們不得不驚歎瓦羅豐富的學識，這學識，不僅有來源於書本上的，更有來源於實際生活中的。

如論及農業與畜牧業的關係時，他說：「古時，管遊牧生活，不知耕耘，亦不知種植，伐木；俟後，始知耕耘土地。初時，農業為牧業之輔。」

在論及農舍的位置時，他說：「你必須留意把農舍設置在樹木蔥郁的山的山腳處，這裡是最好的處所，因為這裡有遼闊的牧場，而且你還要注意到使它面對迎這一地區的最有益於健康的風。」

在談到一年中的第四分季，即在夏至和天狼星升起之間，他說：「此時，你應該播種野豌豆、扁豆、雛豆、苦豌豆和其他豆科植物。你必須把你的老葡萄園再鋤一遍，新葡萄園裡如果此時還留下沒有敲碎的垃圾，那麼還要鋤第三遍。」

三十八

買下《鳥與詩人》之前，我並不知道約翰・巴勒斯（John Burroughs）這位作家。而當我通讀這本小書之後，並沒有因為自己的孤陋寡聞而慚愧，而是為自己又遇到一位「深契吾心」的作家而深感慶倖。

巴勒斯作為十九至二十世紀之交最傑出的美國自然文學作家，「一個帶著雙筒望遠鏡的詩人，一個為友善的梭羅，裝束像農民，言談像學者，一個熟讀自然之書的人」，一生創作的重點放在了自然文學上，先後出版了《甦醒的森林》、《蝗蟲和野蜂》、《清新的田野》和《象徵與季節》等一系列自然主義著作。

他筆下的風景多是人們所熟悉和可以接近的，是普通人農場和院落裡的景色：樹林、原野、鳥兒和動物，因此令人感到格外親切；他筆下的「鳥之王國」，鳥語花香，清新宜人，充滿靈動的生命活力。巴勒斯用簡潔而富於表現力的散文記錄下各種自然現象，他認為自己的職責就是記錄下對這個世界的獨特感受，如他寫潛鳥，「它是水下最了不起的潛水夫和飛行者。潛鳥是原始荒涼的北方湖泊最經典性的標誌，中這些湖泊一樣孤獨。」

《鳥與詩人》是巴勒斯自己出於某種考慮編寫的一本散文選集，他在前言中說，編選這本書的初衷，是要把自己對大自然的的描繪與對精神問題的思考結合起來，提供一種二者互為參考的視角，「我這樣也是有意用在田野裡薰染的情懷和學到的方法對自己的內心進行一番觀照和沉思，同時還打算用我所能調用得上的最傑出的博物學家的眼光來審視自己思考的問題」。巴勒斯的作品，讓我更加堅信這樣一點：文學創作的根本是靈魂和力量而不是詞藻和技巧。

三十九

一八六四年出生於西班牙比爾巴奧的烏納穆諾（Miguel de Unamuno），是二十世紀西方一位重要的哲學家。作為一個哲學家，烏納穆諾所關心的，既不是語義界定與概念分析，也不急於建構一套深思熟慮的哲學體系，而是在於透過知性與情感的全面觀照，直接面對生命的情境：矛盾痛苦的生命和生命的悲劇意識。

一九一四年，他發表了代表作《生命的悲劇意識》（又譯《對生活的悲戚感情》），在這本書中，烏納穆諾探析了科學與信仰、理性與情感、邏輯與人生之間的種種矛盾與衝突。只有通過熾熱狂烈的、不顧一切的獻身行動，人才能得以擊破與生俱來的矛盾絕望。在〈深淵深處〉一章中他說：「哲學跟宗教是仇敵，然而，由於它們是仇敵，所以它們彼此需要。沒有一種宗教不包含有一些哲學的基礎，也沒有一種哲學不立根於宗教。它們各自依靠對方而發展。嚴格來說，哲學史也就等於是宗教史。」在〈信仰、希望和慈悲〉一章中他說：「慈悲，它將所愛的每一件事情都加以永恆化，並且在它帶給我們善意的時候，它照亮了隱而不顯的美，它得以在上帝的愛、或者迎向上帝的慈悲、或者是對上帝的悲憫裡尋得它的根源。」

四十

對於當代文化哲學領域的知名學者劉小楓，我一直比較關注。雖然先後購讀了他的《拯救與逍遙》、《揀盡寒枝》、《這一代人的怕和愛》等專著和他主編的《人類困境中的審美精神：德語國家美學文選》，但我更偏愛他的早期著作《詩化哲學》。

作為劉小楓哲學研究的試刀之作，這本小書是作者「甘冒泛而不精的危險」，以敘事論述的手法，用睿智的言說，簡約的筆觸，詳實討論了關涉浪漫哲學的人和事、詩和哲學、精神和生存等一系列獨特的視域，為我們梳理了「從費希特、謝林，以及浪漫派哲學，經由叔本華、尼采到生命哲學和海德格爾、馬爾庫塞」具有泛美化特徵的發展道路。

劉小楓認為，「德國浪漫美學是一種詩化哲學，是伴隨歐洲現代浪漫主義思潮興起在德國出現的一種新型美學。它把詩不只是看作為一種藝術現象，而更多地是看作為解決人生的價值和意義問題的重要依據，並把美學視為人的哲學的歸宿和目的地。」「不是一個特定的流派，而是一種思想傳統，它的終極問題是人生的詩化，使有限的生命尋得自己的歸依。」

有趣的是，劉小楓在這本小書的前面，附了一節自己的短詩：

那寧靜得像空山蟬音一般的眸子
印在我四周紅紅綠綠的天空
當我尋覓眼前這片叢林中的小徑
你的眼睛就整理著紛亂的視線
像一條透明的看不見的彩虹

四十一

「斷片」作為一種寫作形式，早見於古希臘羅馬，至十八世紀，這種短小精悍的寫作形式被德國浪漫派的「始作俑者」施勒格爾（Friedrich Von Schlegel）改造後，引入了德國文學，寫出了《雅典娜神殿斷片集》這本代表浪漫派在鼎盛時期的追求與理想的著作，產生了極其重要的影響。大哲學家尼采就承襲了這種形式，寫出了《查拉圖斯特拉如是說》等名著，從而使「斷片」的根紮進了德國的土壤。

對施勒格爾來說，運用「斷片」這一形式來進行寫作，是基於這樣一個深刻的哲學思想，即一反「德國喜愛博大精深的邏輯體系的傳統」，用靈活的方式來表達自己靈活的哲學思維。閱讀這樣的哲學著作，不沉重，不壓抑，在飛瀑瀉玉般的詞句中獲得思索的享受，智慧的果實。如「機智的靈感乃是有修養的人的箴言。」「一個風華正茂的姑娘就是純粹的善的意志最具魅力的象徵。」「有些機智的靈感，就像兩個久別的真摯思想的意外重逢。」「任何一個沒有修養的人，都是自己自身的漫畫。」「音樂與道德理親近，而歷史與宗教更親近；因為節奏是音樂的理念，而歷史卻追尋本源。」

四十二

蘇曼殊是清末民初一位富於傳奇色彩、集革命與創作於一身體人物，以其「哀感頑豔」的作品、「落葉哀蟬」的身世、「不從流俗」的特異品格，游走於僧俗兩界，在為推翻清朝統治奔走呼號的同時，也為人們留下了瑰麗奇美的文藝作品。在蘇氏眾多的作品中，我尤喜他的「以情求道」、「個性形象鮮明」、「意境融洽透闢」、「寓意深刻精到」、「用典熨帖精妙」的詩歌，真可謂朗朗成誦，殊堪回味低徊。如寫景的「齋罷垂垂渾入定，庵前潭影落疏鍾。」如題畫的「無量春愁無量恨，一時都向指間鳴。」如抒懷的「欲寄數行相問訊，落花如雨亂愁多。」「況是異鄉兼日暮，疏鐘紅葉墜相思。」

四十三

和天下所有的讀書人一樣，在我的書架上，也收藏了一些與美術有關的書籍、畫冊，如《齊白石印譜》，如《羅丹藝術論》，如高更之《諾阿・諾阿》，如吳冠中之《東尋西找集》和《短笛無腔》，如傅雷之《世界美術二十講》，如雷華德之《印象派畫史》。而最近購藏的《民間印染花布圖形》（左治中編著，湖南美術出版社）亦令我喜愛有加。這，不僅僅因為書中圖案有著民間特有的樸拙豐茂和簡淨可人，更因為編著者從洗練的文字中透射出的藝術家的純淨的靈魂。小書的序言《民間印染花布圖形賞析》開篇即優美地寫道：「藍印花布是大自然的賜予，是遠行遊子的一份眷戀，是家鄉慈母的一片溫馨。它如藍天白雲般清朗，大地泥土般樸實，如鄉野的山花默默地開放在人間。」這樣乾淨俐落、直追心靈的語言，可讓眾多所謂的「詩人」汗顏。

四十四

遼闊的俄羅斯大地，真是滋養藝術家的搖籃，在其文學史上，多才多藝的詩人猶如光芒四射的群星閃耀於人們的頭頂。他們不僅創作了大量詩歌、小說、戲劇等各種體裁的不朽名作，而且同時在諸如音樂、電影、攝影、繪畫、建築等領域裡同樣達到了相當高深的境界，為後人留下了不少稀世之珍。如普希金、萊蒙托夫、帕斯捷爾納克、維索茨基・沃茲涅先斯基。

在這群璀璨的星辰之中，還有生於一九三二年的葉夫圖申科。他既是詩人、小說家、劇作家、翻譯家，還是電影導演和演員，同時也是攝影家。在他眾多的藝術創造中，我最喜讀他的《提前撰寫的自傳》，因為這本小書也有著與托爾斯泰一樣的代表俄羅斯的藝術良知的話：「任何一個詩人的，甚至一個大詩人的利己主義，都是不可原諒的。……能夠達到大詩人的人格高度的，只有那些喜歡別人的詩作甚於自己的詩作的人們。」「一個真正的詩人的創作，不僅是時代的能行動、會呼吸、有聲音的肖像，而且也是同樣立體地和富有表現力地描繪的自畫像。」

四十五

馮友蘭先生在他的《三松堂自序》中記述了抗戰時期在昆明西南聯大時教授們困窘的生活境況：「因為通貨膨脹，物價飛漲，教師們的生活也是困難的。」為了生活，馮先生的妻子任載坤（字叔明)「一度在院裡設了一個油鍋炸麻花,學生下課了就來買麻花吃。」而「梅貽琦夫人韓詠華約集了幾家聯大家屬,自己配方,自己動手,製出一種糕點,名叫『定勝糕』,送到昆明的一家大食品商店冠生園代銷。」「還有一家眷屬在雲南大學及聯大附近,開了一個館子。」讀了這些,我們會深切地感到,安定和平的生活多麼值得珍惜。同時,也會自然而然地想起馬克思那句經典的論斷「物質基礎決定上層建築」。無論是多麼宏大的精神建構,還是多麼偉大的政治家、哲學家或藝術家,在動盪的歲月裡,首先要解決的還是最基本的吃飯問題,如何生存的問題。

四十六

弗拉基米爾・阿列克謝耶維奇・索洛烏欣(一九二四年～一九九七年)是蘇聯著名詩人、小說家和散文家。一九五三年以詩集《草原落雨》步入文壇,迄今已出版多種詩集。

上世紀五十年代末、六十年代初,相繼發表抒情中篇小說《弗拉基米爾地區的鄉間小路》和《一滴露水》,引起強烈迴響。評論界認為,它們和別爾戈麗茨的《白天的星星》一起,在蘇聯掀起了一股「抒情浪潮」。晚年的索洛烏欣寫了不少散文,隨寫隨發,總名為《掌上珠璣》(又譯《手掌上的小石子》)。

這些如珠璣般的散文,是作者與死神搏鬥後的產物,是作家一生創作、經驗和人生閱歷的結晶,內容廣泛,形式短小,融抒情、哲理寓於一爐,串起了種種關於文學、人生、藝術、自然、翻譯等的感悟和思索,而死亡的背景更使其不同於其他作家,而得到無限飛升。

關於這部小書,戴驄,劉敦健、張鐵夫和陳淑賢等人先後對其進行了譯介。且讀索洛烏欣或充滿哲理或詼諧幽默的雋語吧:「天才是一個民族的文化或整個文明這座大廈的尖頂,是它的『絕唱』。

尖頂自然不可能是空中樓閣，它全靠大廈支撐，而大廈則建築在千百年來牢固的文化基礎之上。」「女人只有三種年齡：小姑娘，婦人，老太婆。當她成為一個婦人之後，多少年紀就沒有任何意義了，十八歲也罷，二十八歲也罷，三十八歲也罷……」「可以把世界上所有的人分為三大類，或者分為三種人。一類是那些直到今天，直到此時此刻還活著的人。一類是今天已經死去了的人，他們只是在過去，在往昔的世紀中曾經活過罷了。第三類是永生的人。他們的事業和名字將一直活下去。」

四十七

被葛兆光稱為描寫「那一代中國知識份子的幸福和自由」的《上學記》，是何兆武的一本回憶錄。何兆武說，「回憶錄不是學術著作……它所根據的全然是個人主觀的印象和感受，否則，就不成其為個人的回憶錄了。」「你必須儘量使每個人都忠實地回憶，才能盡可能地得出真相。」「君子之過如日月之蝕，為尊者諱，為賢者諱，並不是真正對人的尊重。」秉著這一原則，他在自己的這本回憶錄中憑著自己的印象和感受，毫無顧忌地褒貶月旦了他在求學期間經歷和熟悉的人物。

比如，他認為「馮友蘭對當權者的政治一向緊跟高舉，在我們看來，一個學者這樣做不但沒有必要，而且有失身份。」

他評論吳晗，說他的歷史課「不是對歷史做綜合的觀察，而是分成許多條條」，自己並不欣賞。當時日本飛機常到昆明轟炸，一次拉緊急警報，他看見吳晗「連滾連爬地在山坡上跑，一副驚慌失措的樣子，面色都變了，讓我覺得太有失一個學者的氣度。」

在談張奚若時他提到了吳之椿先生，並表達了欽佩之情，吳有這樣一段文字令何記憶深刻，「人類的關係有一種是權威的關係，一種是聖潔的關係。比如政治就是權威的關係，你是我的下屬，你就得服從，可是夫妻間就是純粹的聖潔的關係，雙方是平等的，並不是說一方命令你什麼你就得聽他的。可惜中國人的事情總是權威的成分多，而聖潔的觀念少。」

四十八

海雅達爾本是挪威研究動物學的學者，但一次在太平洋中的波利尼西亞群島上的考察改變了他的人生軌跡。從那裡的文物遺跡、民間傳說以及太平洋上的風向與潮流等跡象，使海雅達爾認為群島上的第一批居民是在第五世紀從南美洲漂洋去的。雖然當時的人類處在石器時代，而他的推斷卻被當時的科學家否定。

為了證實自己的「木筏可以橫渡太平洋」的理論，他排除重重困難，與五個同伴一起完全按照古代印第安人木筏的式樣，造了一隻木筏，在一九四七年四月從秘魯漂海西去。在經歷了各種生活上的折磨，戰勝了驚濤駭浪，遭遇了令人膽寒的險境之後，他與夥伴們終於在三個多月後，橫渡了四千海浬的洋面，抵達了波利尼西亞群島的島上。

這次航海，是一次震驚全球的壯舉。旅行途中，海雅達爾等人與日月星辰為伴，與各種海洋生物為伍，在領略了廣闊太平洋上的美麗風光的同時，也用自己的艱難實踐證明了自己的判斷，並向人們展示他們忠誠和執著於科學的精神。

這番動人心魂的經歷過後，海雅達爾用縝密的學者思維、生動洗練的語言，創作了令一切崇尚「為真理不惜犧牲、不顧一切、勇往直前」的人們喜愛的曠世奇作《孤筏重洋》。

這本著名的《孤筏重洋》，約有十六萬字，上個世紀五十年代中期由翻譯家朱啟平先生翻譯成中文本，原在《旅行家》雜誌連載，全書於一九八一年十二月由湖南人民出版社正式出版。第一次印了八萬餘冊。一九八九年三月二十六日，詩人海子去山海關時帶了四本書中就有這本《孤筏重洋》，其他三本分別是《聖經》、梭羅的《瓦爾登湖》和《康拉德小說選》。

四十九

土地是自然資源中最為基本的一種，保護表土是人類環境保護的重要內容之一。作為一本介於社會科學與自然科學之間的邊緣著作，《表土與人類文明》（〔美〕費・卡特，湯姆・戴爾／著，莊峻，魚姍玲／譯，中國環境科學出版社，一九八七年一版一印）用結實樸茂的文字敘述了從古自今許多國家養山、治水、造土的成功實踐，以及所採用的牧草輪作、施有機肥、等高線種植、穩產森林等一系列行之有效的措施。

這本小書引起我閱讀興趣的，不僅僅是以上的內容，更重要的是，這本小書還從人類與表土之間的關係出發，對人類歷史上二十多個古代文明地區的興衰過程進行了理性的探討，最後得出的結論是：文明從未能在一個地區持續文明進步長達三十到六十代人以上。大多數情況下，文明越是燦爛，它持續存在的時間就越短。所有文明衰敗的地方，都是土地資源被過度利用的地方；人類幾乎所有的戰爭，其實都是為了爭奪資源。而人類幾乎所有的環境災難，都是資源爭奪的必然後果。卡特在小書序言中意味深長、飽含凝重地寫道：「人類最光輝的成就卻大多導致了奠定文明基礎的自然資源的毀滅。」

五十

讀書作為「思想的體操」，同樣需要休息，需要調整自己的閱讀姿勢，優化自己的閱讀方法，從而使自己在精緻的閱讀中做到勞逸結合，達到事半功倍的效果。

作家、書愛家張阿泉揣摩出一種「旁逸斜出」的讀書法——串讀，把自然科學視作文學藝術觀之，「貫通流動」，「從科學中發現美，從冷漠麻木中發現愛。」

我在長久持續的閱讀中尋求到的休息方式是，讀累了思想密集的哲學經典著作時，便散步般品讀恬淡閒適的隨筆；讀累了宛若國色天香的「陽春白雪」，便大口品嚐一會兒充滿鄉野氣息的「民歌牧唱」。如：讀累了「哲學默察理性或道理，從而達到對真理的認識，語言學觀察來自人類選擇的東西，從而達到對確鑿可憑的事物的認識」(維科《新科學》)，可讀「一隻燕子的來臨說明不了夏天，但當一群大雁衝破了三月的暖流的霧靄時，春天就來到了。」(利奧波德《沙鄉年鑑》)。讀累了「庭下如積水空明，水中藻荇交橫，蓋竹柏影也」(蘇軾《東坡志林・記承天寺夜遊》)，可讀「西北天空起了烏雲，可能又要下大雨了吧？我的心裡動盪不定，要和達古拉分離吧？」(蒙古族情歌《達古拉》)。

五十一

《雁語者》是動物行為學的開山祖師、一九七三年諾貝爾生理醫學獎得主勞倫茲的一本小書。除了學術成就之外，出生於美麗的維也納的勞倫茲最為人稱道的，是他向一般大眾描述動物行為的生花妙筆。

《所羅門王的指環》是他的第一本通俗科學作品，流傳最久，也最為膾炙人口。《雁語者》則是他去世前寫成的最後一本書，是勞倫茲一生研究工作的縮影。

在閱讀的過程中，我們不僅要驚歎勞氏觀察的細緻，還要為他用筆的獨具風姿發出會心一笑。如：

> 一對雁鵝夫婦若能順利生兒育女，它們之間的關係通常可以穩定持續數年，甚至終生之久，然而，母雁鵝在生育季節卻

特別脆弱。……由於母雁鵝在生育期間的高折損率，在我們的雁鵝群中，約百分之五十的已婚公雁鵝終其生至少作過一次鰥夫。相對的，只有百分之十五的母雁鵝曾經當過寡婦。這些鰥寡者的後續情史發展尤其有趣。在三十二隻失去愛妻的公雁鵝中，半數以上又找到另一隻母雁鵝做伴；有略少於三分之一的鰥夫起初沒有另找異性伴侶；至於上述兩種情況之外的雁鵝鰥夫，則與另隻同性相配對。相反的，百分之七十五的雁鵝寡婦都會再婚，只有四分之一不再尋求伴侶。此外，雁鵝有時也會更換伴侶。在我們觀察過的六十一隻母雁鵝中，有十五隻捨棄了原來的配偶，另結新歡。其中九對夫婦是因為試圖生育卻沒有成功才分手的，四對夫婦則完全不生育，只有兩對夫婦雖曾順利養兒育女，最終還是更換了原來的配偶。在我們這群雁鵝中，最長壽的紀錄要屬一隻二十高齡的母雁鵝，以及另一隻二十一歲的公雁鵝。有趣的是，我們從來不曾在這群雁鵝中觀察到任何老年的徵兆，更別提龍鍾老態了。

你的精神家園，我的心靈故鄉

還是在二〇〇六年的二月，我便收到你從泰山腳下寄來的的散文隨筆集《尋找精神家園》（作家出版社二〇〇五年十二月一版一印，價二十元零八角），厚厚一大冊，追風的蒲公英之傘，飄飛在天藍色的封面上，置於掌中，即覺爽心悅目，疏瀹靈臺。待我在塞北小城映著搖紅的爐火，一一翻讀書中的文字，不僅為你的「漁樵情懷」的樸茂和「性近白魚」的拙雅感喟不已，也為自己又得一本「可伴清風朗月，可消永夜枯懷」的好書暗自歡喜了數日。

阿瀅，說你有「漁樵情懷」，是因為你是個有著樸素的漁夫樵叟般至情至性的人。這一點，從你書中的「人生履痕」和「秋聲夜話」二輯即可洞悉。無論是狀寫故鄉的「那村・那泉・那人」、老鄰居富國叔、自己如何「用愛打開塵封的記憶」、「狗跑泉尋古」、海南的行腳遊蹤和大門緊閉的「十笏園」，還是細敘飲茶的妙趣、寫作的快樂、對恩師的懷想和「靈魂的對話」，都傾注了你的依依目光，飽蘸了你的款款深情。如，你贊自牧是一位「特立獨行」的平民作家；歎龔明德是「鬥士式」的、愛「較真的」正版書愛家；為小潛徐明祥的「驕人成績而欣慰，同時也對他的文學前程持樂觀態度」；寫自己與初戀女友分手時的痛苦：「讀完一封，就把我的回信抽出扔進火爐，我的心也不禁抽搐一下。整整讀了一個上午，隨煙升起的寫滿愛字的片片紙灰在雪地裡飄舞著……」；對高中老師的想念則是：「二十年過去了，她卻時常出現在我的腦海裡……」；寫人若不如羊羔烏鴉知孝母，就「不如禽畜矣！」讀了這些，我相信，一個沒有赤熱情懷的人，一個不熱愛生活的人，一個冷若冰霜甚至冷酷無情的人，是定然寫不出這些或「如水潤身」、或「黯然銷魂」、或「激情四射」的文字的。

近山者仁。阿瀅，你安居在東嶽之側，打磨著自己「白魚潛遊書海」的心性，把「仁」演繹成一個現代讀書人的癡醉傳奇，在秋緣齋裡營築著「其樂也融融，其樂也泄泄，其樂也陶陶」的「書香人生」。你談書櫥僅是書籍安身立命的所在，不必太過奢華；談讀書實為寂寞人生旅途中最大樂事。最讓我叫絕擊節的是，你連寫四篇文章大談淘書的快樂：聽到書商新進了幾卡車舊版書的消息後，就「一刻也坐不住了，馬上驅車前去看書」，「那心情就像孩子過年前急於想見到大人給買的新衣服一樣」。當期盼已久的舊書壘集於目下，則「像盜賊看見了阿拉伯寶庫，一下子撲到了那堆書上」。

在翻撿挑選塵封日久的舊版書過程中，因你興奮不能自已的心跳的緣故，連「書上的灰塵似乎也有了靈性，忽然見到我們的到來，高興地四處飛揚，一會兒便親近地貼在我們的頭上，臉上，衣服上」。為了得到自己心儀的書，你已不滿足於傳統的書店裡「海淘」了，就把自己淘書的視域擴張到小書攤和互聯網上。每淘得一本鍾愛的佳構，你立刻「高興得弗得了」，一一記錄在案，〈六月書事〉這篇長文便是你日積月累碩碩果實，沉甸甸地，讓人羨煞、歎煞。在四十則〈書林漫筆〉中，你機杼四出，開落兩由，直抒讀書心得，點染思想火花，浸潤恣肆在書林中的書生情懷，讓你信筆揮灑得淋漓盡致。

阿瀅，在我斷斷續續寫這篇文字的過程中，你又給我寄來了一冊《尋找精神家園》的毛邊本，並在扉頁題道：「我原對毛邊本持反對態度，後來受眾師友影響，漸入毛邊收藏行列，知筱強兄乃毛邊黨徒，特贈毛邊本，供兄一哂。阿瀅。」你的這番雅意盛情，不禁讓我想起哲學家尼采在《偶像的黃昏》這本小書中寫過的一句話：「幸福所需要的東西是多麼少！一支風笛的聲音。」用在我們這些書蟲身上，就是「書生所需的幸福是多麼簡單！一間彌漫書香的房子。」作為同氣相求、同聲相訴的良朋，阿瀅，我要說的是，你尋找的精神家園，就是我的心靈故鄉，願我們在漫漫人生中永有書卷在握，永有秋水長天般的書緣。

二〇〇六年十月於夢柳齋

清新淡雅《草雲集》

英國作家毛姆曾說過這樣一段話：「讀書等於為自己築起一個避難所，幾乎可以避開生命中所有的災難。」我以為，生長於鍾毓靈秀之地的袁濱就是一位在無限書香中獲得心靈自由與慰藉的人，一位沉潛於書海「相忘於江湖」的人，他的散文新著《草雲集》即令人在閱讀中感受到彌漫周遭的清新淡雅。

作為生活中的人，袁濱先生以謹約的文字於「茗邊瑣語」，他談茶趣，生發出「品茶吟詩，把酒當歌，風花雪月，這已是古代文人的往事了」的慨歎；他談人格，寫下「人格的高尚和卑劣主宰著人的生命走向，抓住了這一點，就是抓住了一個人的要害」給人啟迪的警語；他談棲居的城市和血脈相連的親情，對小城文明充滿書生的希望，對雙親心懷深深的眷顧；他談理書與讀書，對自己的藏書絮絮不已，對自己讀書的舊日時光無限懷念；他談閱讀毛邊本時抑制不住的欣悅；談自己景仰的博爾赫斯、普魯斯特、肖霍洛夫等文學大師，他說：「大師在我們的前面和身邊，我們並不孤單，溫暖注入我們生命的體液，於是，我們感到有了動力。」這所有的文字，都傾注了一個熱愛生活、思索生命之人的拳拳之心。

在這冊小集裡，「書味盈懷」和「題跋散葉」最為「契吾心者」。在這兩輯中，袁濱先生以樸實厚重的筆法、真摯赤誠的文心點評書人書事機杼四出，尤為可喜。他這樣寫道：「讀《櫟下居書話》，最好小酌微醺，夜半無眠，或旅途勞頓，亂花迷眼，這時展卷品咂，書香襲人，自有一番其樂融融的讀書景象。」「好書如絕色女子，總想讓人親近。《蘇州山水》正如一位湖光山影中的娉婷嬌娘，透著婉約的丰韻，又帶出一抹放浪的風塵，撩人至極，便一頁頁翻開它，細細品讀，細細回味，沉浸濃郁，風情無限，煞是過癮。」「讀《瓦爾登湖》你會讀出一種超然的情懷。你不再為世俗的紛擾而無奈，瓦爾登湖水澄清著你的心地，洗濯著你的思想，讓你的思緒像潔白的鷗鳥，又像活潑的游魚，自由而明亮。」這些鮮亮如新日的句子，隨處可見，俯首可拾，彰顯書生清趣，就像一串串散落的玉珠轉側生光，閃耀於我們的雙目之中，閃耀於我們的夢想之內。

小書的第四輯，題曰「機關軼事」，蓋因袁濱先生曾長期在機關供職，是對令人窒息的機關生涯的忍痛沉積，說到底，收在這裡的九篇小說，我以為作者之所以記下它，皆是通過小說在反抗和修補機械思維對自己藝術思維的壓迫與損傷。因而就有了後記中發自肺腑的呼籲：「工作太優秀的人，舉目無援的人，受人嫉妒的人，難免要有一次『煉獄』過程。」而值得讓我們安慰的是袁濱先生終於擺脫了桎梏，尋到了生命中最可寶貴的精神家園。

草有大地之意，雲有淨天之心。袁濱先生居於蒲松齡的故里淄博，在繁忙的電視工作之餘，以不媚俗的姿態經營著自己心的屋宇，我僻居東北的小鎮，唯願袁濱先生的清思永在、素心永存，在草雲齋中嘯詠人生吧！

有一段書緣書事，與盈水軒有關

戊子年五月，我偏居的塞北小城，雖時有低冷的寒意和漫天的沙塵襲來，但粲然綻放的迎春花已昭示著一個讓人心胸疏瀹、神朗氣清的季節正大步而來。在這樣的日子裡，收讀淄博作家、盈水軒主人袁濱先生的新著《盈水集》（中國戲劇出版社二〇〇八年四月一版一印，價二十六元），確乎為我春日讀書生活裡的一件大事、樂事。說是大事，因為這本毛邊本讀書集子，已是袁濱先生寄贈的第三本大著了，它，實為我們之間山泉般書緣的延續，亦是因書緣書事而更加深厚的友誼見證；說是樂事，是因這冊小書封面裝幀設計簡淨、素雅，書畫大家王學仲題簽的書名灑脫雋永，豐一吟女史專繪的《漸入佳境》圖引人有出世超塵的清思。更可喜的是，書中所錄文章，讓我讀到了袁兄在「精緻閱讀」的書林中日益成熟的眼光、日臻圓熟的文字和日漸沖淡坦蕩的書人心境。

《盈水集》裡的一束束文章，是袁濱在其新居「盈水軒」裡徜徉書林、漫步遐思後留在「沙上的腳跡」，是速食文化和速朽資訊充斥生活背景下的「邊緣人語」。文字或長或短，恣肆開合有度，時而思緒西風漫捲，若流水行雲；時而神色沉鬱凝重，若幽谷深澗。

在這本書裡，袁濱「精緻閱讀」所抵達的境界，已不僅僅是閱讀上的有所讀和有所不讀，更表現在他在「有所讀」的過程中，有自己的發現，有自己的深思，有自己的主張。也因此，他有了屬於自己的快樂和愉悅。如在〈有趣的開頭〉一文中，他通過對讀《百年孤獨》、《白鹿原》、《病相報告》、《青狐》等小說的開頭後，發現「古今中外，大凡有名氣的作品都是互相滲透影響的。」

讀了龔明德的《昨日書香》，他感到「真正的讀書人，他的心靈是不會孤寂的」，覺得「當一個讀書人忘卻任何名利去接近書的時候，他骨子裡的讀書趣味至高無上，無以倫比；但當一個讀書人沾染了哪怕一點社會惡習的時候，他已經不再純粹，讀書的性質變了，身體裡的讀書細胞便也開始浮躁起來。」

品賞了徐明祥的《潛廬藏書紀事》，他由衷地體會到「一個識貨的愛書人，他應該有著更為博大的胸懷和追求，在有限的生命歲月裡，去獨立培養自己的精神品格。」

在題跋《傅天琳詩選》時，他旗幟鮮明地闡述自己的意見：「先解決作品問題，再去否定別人，方具說服力也。」；在《詩詞例話》的題跋裡他說「書其實是無新舊之分的，老的只是版本，不是內容」，「閱讀是穿越時空的心靈對話，是拒絕誘惑的精神之旅。」；在評述南京大學教授徐雁的〈文化行旅的深度抵達〉一文中，他寫道：「讀書與做人，治學與為文的和諧一致，歷來是道德文章的正脈。」

在詩集《九月的藍》的跋文中，他這樣疾呼：「在當今氾濫的話語霸權下，用詩歌去體恤水深火熱中的人群，關照生命和民生，這應該成為一種詩歌精神，成為詩歌高蹈理想主義的旗幟。」這些流露著袁濱率真、誠摯性情的文字，在書中比比皆是，拈手即來，彰顯了一個有良知、有歷史責任感的作家和讀書人的激越情懷。

在袁濱「精緻閱讀」精神的啟發下，我也在通讀此書時有了發現的愉悅。我和袁濱往來書翰已有經年，雖未謀面，但早知袁濱是道地的「山東血性漢子」，以赤誠之心讀書著文，以肝膽之情為人交友。這些品質，在這冊小書裡得到了很好的映證。他和蘇州作家王稼句文心契合、交情甚篤，先後著文九篇暢寫楮墨內外的故事，並集成單獨一輯為《聽櫓小築書談》；此外，他寫徐明祥的文章有三篇，寫徐雁的有三篇，寫龔明德的有兩篇。

在〈范用的三本書〉一文的結尾作者記到，「有位契友需要他的位址時」，「我曾很熱心地為之提供了幫助」，「後來這位朋友又為范老做了一部很有意思的電視專題片」。我讀到此處，便有會心的一笑，並加了一句旁注：「此位契友當是張阿泉。」這其中的讀書樂趣，實在是不足為外人道也啊！

在通讀《盈水集》的過程中，我又發現自己手頭的這本第一百二十三頁至一百二十八頁重複裝訂，遂發短信向袁兄詢之，同時就書中自己存有疑問的「買弄」和「賣弄」、「狂敖」和「狂傲、「公德」和「功德」三組詞的區別進行請教。袁兄不僅先後兩次寄我《盈水集》切邊本、伍立楊的《紙上的風景》和王稼句的《古保聖寺》三書以示對我讀書細緻的獎勵，還就我請教的三組詞的使用情況進行了詳盡解釋。這，又再一次真實體現了袁濱豪爽真誠的為人態度，嚴謹認真的作文風格。

明德先生在《盈水集》的序言中這樣準確而深刻地寫道：「書事交往，是成功閱讀不可或缺的一個組成。……結交『書界先進』，不一定具體就是某一個或某一群活著的人，也可以是歷史上的某一個或某一類成功讀書人。中外人類成功的讀書史上，有著大量的『先進』。可以講，只要在靈魂上靠近了哪怕只是一個葉德輝，也可以長足向前向上的。」讀畢袁濱先生的《盈水集》，我心中竊想，要做一個純正意義上的「讀書種子」，也一定要和盈水軒主人袁濱這樣的「書界先進」永續書緣、書事不斷啊。

二〇〇八年六月一日寫畢於夢柳齋

聽蒙古族民歌《烏蘭巴托的夜晚》，憂傷如窗外低低的雲

讓心靈感傷的曖昧
——小說《曖昧》讀後

這是一個落著秋雨的下午，風從窗子吹進來，有陣陣的涼意。在這個靜靜的週末午後，我一個人靜靜地躺在床上讀完了作家趙瑜新出版的小說《曖昧》（海天出版社二〇〇九年八月版），沒來由的，竟從心底湧起如窗外浮雲般的惆悵，甚至有一點點兒的悽楚。我知道，這惆悵和悽楚，不是因為帶來秋意更濃的冷雨，而是小說中繁華喧鬧背後隱藏潛流的迷惘，那肉體狂歡下的靈魂的孤寂與冷清，彷彿讓我看到一個漂泊於都市的人的背影，形單影隻的背影。

這篇原名叫做《單身男人地圖》小說，用作者自己的話說，「是一部關於身體本能的小說」，它「借助一個放浪形骸的身體暗示了生活的一切指向：單純、善意、墮落、曖昧。」十字交叉路口、純水岸洗浴中心、陌生女人的背後……二十一個「單身男人」經常出沒的地點，一個又一個曖昧的場景，傳遞出單身男人渴望豔遇的心情，拼貼出一張單身男人荒誕而頹廢的情感路線圖。

小說主人公方漸鴻不願意接近婚姻，卻又渴望親密私情；他貪戀世上所有的溫暖，尤其是女人的身體；他害怕寂寞，更害怕別人知道他的寂寞：他熱愛唱歌，他在自己的歌聲中逃避現實的平庸；他迷戀獨自站在十字路口肆意張望的愜意感覺；他喜歡男女之間在愛裡沉溺、在愛裡享受，兜兜轉轉、若即若離、無可奈何而又欲罷不能的曖昧關係……作者用肆意而清冷的筆觸，顯示出現代單身男子隱秘而真實的內心世界，展現出現代男女從肉體到精神一步步自我甦醒的過程。愛讓他們得到了溫暖，卻讓他們失去了自由；城市的喧囂，身體的溫度，緩解不了人心的寂寞；曖昧不過是場成人遊戲，身體不過是彼此取暖的工具。每一個人都逃脫不了另一個對自己的心靈捕獲，最終將停留在某個人的心靈深入……初讀此書時，我一直將「方漸鴻」讀成錢鍾書《圍城》中的「方鴻漸」，這是不是作者有意安排我不得而知，但主人公內心掙扎的景象，真是像極了那個掙扎於婚姻內外的人物。

我沒有為這本小說對身體的迷戀般地甚至病態般地描述感到驚異和不適，而為這本小說感到惆悵甚至悽楚，原因有二。

其一，在看似平靜的筆觸下，其實飽含了作者內心的波濤洶湧，在情節的推進中，不時閃現作者彷彿信手拈來，但卻或來自於智慧、或發乎於心的富於思想的雋語。

如，「愛情不過是頂樓上的一些回憶。」

如，「女人只有胸部豐滿的女人和不豐滿的女人兩種。」

如，「男人尋找的方向就是一個女人。」

如，「世界分為兩種，一種需要門票，一種不需要。女孩和愛情都是如此。」

如，「這個世界總有些表演是真實而骯髒的。」

如，「人多的時候容易孤獨，想念一個人的時候容易孤單。」

如，「扔下什麼就收穫什麼。是扔下幸福能收穫幸福，還是扔下寂寞能收穫幸福。」

如，「別人的幸福，總會讓我們想到自己原來和幸福還有一段距離。」

像這樣的句子在書中實在太多了，可以說不勝枚舉。這些借助小說主人公或其他人物思考或說出來的話，正是小說所要呈現的在強大的物質慾望下，有著精神生活的人的痛苦，在物質與精神的雙重重壓下，現代都市人個個都成了「分成兩半的子爵」，正如方漸鴻，當夜晚降臨，就會不斷地讓自己的身體尋找女人，而夢醒時分，那種心靈的荒蕪便會像雜草一樣瘋長，填滿良知尚未全部泯滅的頭顱。

其二，是有感於作家本身的一些論述，趙瑜說，「生活中，虛榮的人太多了，他們多是熱愛讀書的人。我喜歡在這些虛榮人朋友們面前尿尿，說庸俗不堪的話，看看他們的反應。我就是這樣放蕩不羈。」「我常常想，在我的身體深處，定是隱藏著一個哲學指標，它指向一湖清澈的水，然而，我卻跳入另外的湖裡。」「我喜歡讓單純的人在小說裡墮落，讓妓女在小說裡從良。我喜歡這樣，人生不過是月亮圓後又缺失，不過是清晰之後又曖昧。」他甚至還套用了詩人北島的詩，說出「身體是身體的通行證，靈魂是靈魂的墓誌銘」這樣令人初讀忍俊旋爾黯然的話。我想，讀《曖昧》這本小說，如果不讀作者的後記，就找不到讀懂這部小說的切口和鑰匙，就讀不懂作家內心想真正表達的意圖。

雖然作家宣稱「靈魂是沒有用的，對於庸常的大多數人來說。」但我相信，對於一個以「出謎面」為生的人，一個生活的觀察者和敘述者，還是離不開靈魂生活的，無論如何宣言或逃避，我們誰都不能脫離不了活生生的身體，也脫離不了對精神生活的渴望與追尋。雖然，讀《曖昧》，讓我有些感傷，但我還是要說，我比較喜歡它。

人到中年的一束溫暖燈光

——王虎《幻影魔術室的燈光》讀後

清明節剛過，北地小城的氣溫驟然上升，真正讓人感到生命和生活中的暖意。伴隨這溫暖而來的，是長春作家王虎題贈的作品集《幻影魔術室的燈光》（時代文藝出版社，二〇〇九年三月一版一印，價二十八元）。這冊集子，是王虎在紅塵俗世中縱橫飄蕩的心靈筆記，是個人生活寫實與虛構故事雜糅並錯的匯合。讀書、寫作、感懷、幻想、沉思，構成了本書的大致輪廓和面貌，從不同側面折射了一個都市守望者斑駁的內心世界，在略顯蕪雜的記錄與抒寫中建造了屬於私人的隱秘花園。

小書共分四輯。第一輯為「那些日子」，在這裡，有「三個男子漢和一個小蘋果」，有「跨越國境線的玉米」，有讓自己臉紅的「蝦皮」，有「黑色的橙子」和「幸福的折摞兒」，有「帶刺的栗蓬」和「青澀的梨子」；有對一支煙的深切懷念，因為它凝結了血濃於水的親情；有對羊蠟罐的凝眸垂注，因為它承載了少年如煙的青蔥歲月；更有對小狗乖乖死去的無限傷痛，因為它見證了人與動物和諧共處歡樂而溫馨的時光……這些隨著光陰流逝而愈加深厚的往事記憶，如漸漸發黃的黑白相片，彌漫著淡淡的、揮之不去的甜蜜與憂傷。

第二輯為「那些感悟」，在輯首，王虎摘引了義大利詩人薩瓦多爾・誇西莫多的一節詩：「每個人都孤獨地站在／地球的中心／一線陽光／透過他的全身／瞬息間／夜晚降臨。」（〈瞬息間夜晚降臨〉）我想，作家之所以引錄這段詩，是因為收入此輯的十一篇短文，漫溢了自己對生活乃至生命的頓悟與參透。這頓悟與參透，源於對友朋逝去的哀痛，源於對一棵樹的默想，源於對時間如飛矢的浩歎，源於對平凡生活的珍惜，源於一個人在雨中突然襲來的孤獨，更源於自己看到廣場上的麻雀而倍覺人生如草芥卑微而不自傷的感喟。有了這些頓悟與參透，讓我們看到了一個走向成熟的中年人的面孔，雖初現風霜，仍不失澄澈寧靜。

第三輯為「那邊風景」，散記了自己遊歷四方的風景與觀感。從國內的桂林、重慶、上海、三亞、海南，到東瀛日本和大洋之側的新西蘭，浮光掠影，雪泥鴻爪，足跡所至即有筆底之花。

第四輯為「那條胡同」，與前三輯完全不同，收入此輯的七篇小說，是作家「對市井生活的摹寫，對小人物哀痛的體察，對在他們身上挖掘或者也可以叫賦予的內在力量的刻意傳達」（任白語），是對在虛構的「好運胡同」中的豬肉西施朱紅、早點師傅牛條、鞋匠劉午、飯館老闆李狗肉、錯失五百萬的方太、方太的後老伴錢阿大、浴池保安鋼炮以及髮廊店主大龍、小工毛毛、小蓮等底層人群掙扎生存狀態「風俗畫」、「浮世繪」般的圖解。在圖解的過程中，在幾近「雲淡風清」的語言敘述和「靜水深流」的情節轉承的鋪陳下，我們會看到作家對生命力量的讚美，對人性「善和真」的張揚。

我和王虎先生未曾謀過一面，他的這本《幻影魔術室的燈光》，是我的朋友、長春作家王國華代為寄贈的。王虎在書扉的題簽中寫道：「追著光走，像朋友在身旁。」這句話讓我心頭一暖，如開窗迎面吹來的四月風。

讀完這本小書，我才知道，王虎和我一樣，也是上世紀七十年代出生，大學畢業後，經過摸爬滾打，成為一家報紙的經營中心主任，彷彿一個「分成兩半的子爵」，白天奔波勞頓，為稻粱謀，為事業謀，夜晚則交給「音樂、電影、讀書、寫作」，他堅信，「騎上這些靈獸，就能進入那個隱秘花園，這是異於白晝的世界，這朝聖路上的聖湖，端坐在時間之外，等待著靈魂的回歸和洗濯。」這，讓我想起尼采在《查拉斯圖拉如是說》一書說過的一句話：「人，是要被超越的東西。」作為步入人生中年的人，讀與寫，雖然不能使我們成為超人，卻能夠成為超越世俗人生的一種方式！而超越，恰恰是安慰和鼓舞我們戮力前進的道路上的一束溫暖燈光。

二〇〇九年四月八日於夢柳齋
窗外春風蕩漾，楊柳已吐綠意

草根文化，生生不息

——略談《萬人圍著二人轉》

上了十幾年的學，讀了二十幾年的書，我把中國文化大致劃分為兩種。一是所謂的精英文化（或曰貴族文化），一是所謂的民間文化（我稱之為草根文化）。雖然這種劃分很具很私人性，不一定科學準確。對於前一種，我讀了不少，但一直心存敬畏，因為它是我學來的，讓我開闊眼界，豐富思想；而對後一種，我也一直關注，而且是身不由己地喜愛，因為它來自泥土，讓人覺得親切，像嬰兒親近乳汁。

東北二人轉無疑是後一種。三百多年來，東北二人轉以其唱本語言通俗易懂，表演形式的幽默風趣，濃郁的生活氣息，深受東北群眾尤其是廣大農民的喜愛。我是一個地地道道的東北人，當我讀到作家王國華和李平把二人轉作為一種重要的文化現象進行解讀並整理成書時，內心自是有說不出的喜悅和感動。喜悅，是因為終於了東北的知識份子發出了關於東北民間文化的聲音；感動，是因為此書的完成，證明了東北知識份子對於本土文化還沒有失去凝望的眼睛，沒有在眾聲喧嘩中失語或缺席。

《萬人圍著二人轉》這本書，雖然不是很厚，卻記錄了東北二人轉由從「低俗文化」到「流行文化」到「高雅文化」起伏跌宕、風揚雲變的命運：二十世紀五十年代以前，二人轉一直流行在民間底層的土俗文化；「文革」時期，它是被批判，被壓制，卻頑強地從民間底層鑽出來的「死不了」；二十世紀八十年代，二人轉雖然有了它的合法舞臺，卻被商業流行文化擠到大眾視野的邊緣；二十世紀九十年代，東北小品，這個由二人轉變異出來的喜劇形式，通過電視傳媒進入大眾娛樂文化的主流，並使嶄露頭角的二人轉表演者趙本山成為娛樂明星。二人轉經歷的這個由低到高的命運軌跡，極具戲劇性，有如一個傳奇故事。

生於河北的青年作家王國華，在東北求學、戀愛、成家並定居後，既做著「陽春白雪」精英文化的精神高蹈，也對「下里巴人」的草根文化情有獨鍾。在東北生活的十多年裡，他對二人轉這一民間文化沒有無動於衷，而是「浸潤其中而喜愛，旁觀打量而敏感」，以報紙專欄隨筆的寫法、幽默機智的語言、散點透視般的視角，表達了對二人轉的喜愛之情，敘述了對二人轉的冷靜之思，梳理了當下二人轉的經緯之狀。

在「你不知道的二人轉」一章裡，他以「看二人轉如同喝一頓大酒」的切身體驗，既有對「小帽兒」、「絕活」、「打板兒」、「掌聲」、「賽臉」等舞臺技藝和氣氛的生動描述，又有對「有味」、「包袱見光死」、「一萬個哈姆雷特」、「給二人轉分一下級」、「嬗變中的二人轉」的理性思考，更有對二人轉藝人「苦大情深」、「到處都是藤纏樹」現象的人性體貼。

在「二人轉經典劇目」一章裡，既條分縷析地分析了二人轉小帽兒《送情郎》、《四大全》、《小送飯》、《小看牌》、《十比十愛》等段子，又以身陷其中的細微感知、抽身其外的俯瞰靜觀解讀了《馮魁賣妻》、《西廂觀畫》、《獨佔花魁》、《水漫藍橋》、《回杯記》、《馬寡婦開店》、《胡知縣斷案》、《皇親夢》、《羅成算卦》等譜子戲，正如那炳晨在序言中說的，國華「喜愛二人轉的故事，喜愛二人轉的曲調，喜愛二人轉的樣法」，一直喜愛到為它寫了一本書，真是「難能可貴啊！」

值得一提的是，作為一本二人合著的小書，本書的第三章「二人轉人物點評」，除那炳晨、魏三外，均是國華的好友、客居京華的作家李平完成的，雖然李平謙稱此章因為國華無時間趕寫讓自己「狗尾續貂」，但在閱讀中，我們不僅可以感到李平在控制語言、敘事結構上的能力，為了勾勒了歷史或當下二人轉舞臺上的「明星」，更為關鍵的是，在這一章裡，他借二人轉表演藝術家韓子平的話向我們傳達了什麼才是真正的二人轉：「二人轉是以唱為主的表演藝術，一男一女兩個演員在臺上載歌載舞，在劇情中跳進跳出，用本體音樂演繹詩體故事」。

「萬人圍著二人轉」，多氣派的詞兒，比得「萬人如海一身藏」的名句。讀完此書，我忽然想起內蒙作家張阿泉在談及一位友人寫草原牧民生活的詩句「風吹肉乾子嘩嘩響」時，說這句詩有四個特點：「其一，是朗朗上口，一聽就懂；其二是白描，寫實，毫不做作矯情；其三是有地域性，暗示出草原牧區秋冬季多風的天氣特點；其四是有民族風情，可知此中含著喜食牛肉羊肉、擅長做肉乾子充饑的蒙古族習俗。」他說，不要怪這句話太粗陋，好詩未必就多麼文雅，就看它是否真實地反映了現實的生活狀態。俚語俗言，只要發揮得當，依然是一等好話，一等佳詩。語言的生命力，根植於原生態的生活。二人轉作為東北大地上生長幾百年的草根文化，之所以生生不息，並有興旺之勢，正因為它根植於東北黑黑的土地和熱騰騰的生活。

收藏伍立楊

還是在二○○○年的夏天，瓦屋燈窗下，我翻覽內蒙作家張阿泉的散文集《躲在書籍的涼蔭裡》，就中有一篇關於伍立楊的散文，題為〈浮世裡的孤燈逸草〉，此文開篇即道：「六十年代後出生的青年散文家中，北京的伍立楊先生是卷氣博雅、深具古風的一位。他的一枝素筆下，無論點批、評介、閒札、書話、序跋乃至日常信件，都謹嚴整潔，文白相間，有一脈脫屣紅塵的出世之氣。」反覆品咀阿泉推揚伍立楊先生的雋語，深覺自己孤陋寡聞，亦不由得心生「齋中不藏伍立楊，縱作書蟲也枉然」的嚮往。

在此後的讀書歲月中，我便開始著意搜集伍立楊的道德文章，從報紙上剪裁，從選集中複印，從網路上下載，從網上書店郵購，方式不一而足。在不斷的搜集閱讀過程中，更感伍之文筆直追上世紀二三十年代魯迅等諸真正大文豪風神，每得讀其一便通體舒泰，心胸疏淪。直到如今，作為閱讀的雜食者，我仍保留著這個偏嗜，但凡發現伍立楊的作品便眼放光芒，必想方設法存之才能使懸心落地。亦因此，我被讀書圈子的友人稱為正版「伍迷」。謂予不信，有日記為證：

> 二○○六年十二月二十日，晚讀書，伍立楊之《鐵血黃花》，讀來蕭殺悲壯。二十一日上午，在單位讀《收穫》雜誌二○○五年第三期，上有北島寫狄蘭・湯瑪斯的長文，長達兩萬多字。北島的隨筆，有些語句顯得拖遝、生硬，不簡明。他

現在的散文隨筆靠閱歷取勝。下午續讀伍立楊的《鐵血黃花》。伍立楊的文字，則與北島不同，筆法老到，行文簡潔明朗。

二〇〇七年九月六日，昨日收到郵購的伍立楊的自選集《夜雨秋燈有所思》。自二〇〇〇年讀伍立楊的作品以來，我非常激賞他的學問底子和矯龍飛鳳般的文筆，遂開始開始搜集他的文章，並四處購買他的集子。至目前，夢柳齋已藏《大夢誰覺》、《墨汁寫因緣》、《語文憂思錄》、《鏡花水月》、《風雨歎世錄》、《夜雨秋燈有所思》。仍有《清涼賦》、《浮世逸草》、《夢中說夢錄》、《故紙風雪》、《鬼神泣壯烈－清末明初暗殺論》、《紙上的風景》、《時間深處的孤燈》、《男女相貌奇談》未見。

二〇〇七年，是我收藏伍立楊著作的重要年份。十一月初，廣東惠州日報的周春（網名周老泉），吾網上良友也，知我癡迷伍立楊的文字，以郵政快遞惠寄了一本伍立楊的《故紙風雪》並大札一封。在信札中，周春對伍立楊評道：「他的短文、短札尤見功力，純正、凝煉的文字之下，幾筆就水落石出矣。」因書結緣，人生一幸事也。也由此，夢柳齋收存的伍立楊著作達到了七本。

十一月中旬，通過山東作家高維生，我與伍立楊取得聯繫。立楊先生不僅在其主持的《海南日報》副刊上刊發了我寫的〈老鄉高維生〉一文，還贈我一冊新著《讀史的側翼》（海南出版社，二〇〇七年十月一版一印，價二十八元）。在這本書的腰封上，有這樣的的評述：「作者以厚重別致之筆墨敘寫讀史心得，聚焦人生的真諦，打撈歷史的碎片。其行文也汪洋恣肆，不拘常格，見解頗為新奇獨到。他的開拓，充溢思想啟蒙與自由的人文關懷，尺度拿捏之處尤見其獨闢蹊徑的讀史者的眼光。」立楊先生在此書扉頁上寫道：「筱強方家正之，伍立楊，丁亥仲秋。」這冊珍貴的簽名本成了我齋中所藏伍立楊著作的第八本。更令我驚喜的是，在這本書的封底，他將我寫的「伍立楊的文字，則與北島不同，筆法老到，行文簡潔明朗」作為一段評語，列在王學泰、王春瑜、來新夏、黃孝陽四位先生之後，著實讓人興奮了幾個夜晚。這，絕不是因為自己一句簡短普通的話因沾了聞人的光得以流布的得意，而是自己幾年來收藏其著作、品藻其文字的心得被立楊先生認同的共鳴和欣悅。我在自己的博客上帖了這句話之後，我的文友、山東淄博作家袁濱隨即跟帖道：「立楊兄的文字純熟、洗練、乾淨，傳承著讀書人的精神命脈，自成一格。溫和的背面隱含著冷峻和熾烈，刀鋒所指，抵達靈魂深處。」

《讀史的側翼》第一輯為「鐵血黃花」，立楊先生以國畫大師吳昌碩在一幀梅花上的題詞「唯三更月是知己，此一瓣香專為春」，喻仁人志士的冷豔爛漫精神。此輯齋中存有單行本，早已拜讀數過。讓我暗夜貪讀是第二輯「讀史的側翼」。在這一輯裡，立楊先生游走於歷史的叢林，不迷失方向，以深邃的眼光和居高俯瞰的判斷力，對歷史事件的評判猶如老吏斷獄，視角獨特，數語破的，擊中任督要穴；由歷史事件生發的人生感喟，亦有如哲學家的終極關懷，讀之令人低徊。如，「世上本沒有在任何時、地都能手定乾坤處置任何危難的人，壞的制度，將好人變成壞人。國家強於社會，體制的力量淹沒個人，如海浮槎。……正因其優異『完美』，其所受壓制越烈，所受邪惡勢力的聚焦打擊也越沉重。……他們恰恰是老百姓微弱可憐的希望。」(〈突兀歧出的史論〉)。「所以專制社會，最是生長騙子的土壤，情感騙子和政治騙子一樣出色一樣生生不絕。他們運用了組織，控制了民眾，滲透了社會的陣營，施用了毒辣的謀略，真是民族之極大危機，也是人類無比的厄運！」(〈驚險百出的柔性豔情〉)。「觀天象之浩瀚無有際涯，人生無論修短同有盡時。而龍爭虎鬥，也無非等諸雞蟲。於是悲從中來，難以遏止。」（〈大宇星如萬點塵〉）「化妝並不是一定塗脂抹粉，內心機竅的運作才是可怕的化妝。」（〈相貌・化妝・人生〉）。

一生孤高、性情內傾執拗的前蘇聯藝術家安德列・塔可夫斯基在其《時光中的時光》一書中曾寫過：「難為之事，莫過於持有熱烈、真摯和沈著的信念。」他還說：「多年來，我苦苦堅信，在時光之中，會有最出人意料的發現。」我想，這兩句話，對生於四川西昌、畢業於中山大學、讀史著文於蕉風椰雨中的伍立楊先生，真是再貼切不過了。作為伍立楊先生的忠實擁躉，唯願他文思如泉、大筆如椽，寫出更多的佳構華章，我也會一如既往地讀之藏之。

一本讓靈魂安靜的書

《太陽升起以後》是已故青年散文作家葦岸用一生的心血寫就的散文集。當我合上這本書的最後一頁，心中說：「這是一本讓靈魂在喧囂的現代社會得以安靜的書。」

葦岸是一位在根源上和民間、和大地建立了一種血脈交融、不分軒輊、親密聯繫的原創性作家。他的寫作母題基本上是一些有著元素意義的意象；空氣、水、陽光、星星、草木、田野、莊稼、鳥禽等，以及與此相連的原初語境：農事、物候、星象、季節、勞作……閱讀他的作品，可以喚醒我們沉睡已久的記憶，也可使我們想起一些遙遠的、漸漸陌生的事物：農夫、漁夫、船夫、樵夫、放蜂人、采藥人。書中充溢著對太陽、月亮、大地、小麥以及自然中最可愛的生靈：胡蜂、蝴蝶、麻雀、林木們的讚美。

在〈我的鄰居胡蜂〉中，作家不僅詳細地記錄了胡蜂的活動，還細敘了與胡蜂極其悲壯的告別場景，在胡蜂離巢以後，文中這樣寫到房窗外的情景：「它們為我留下的巢，像一隻籽粒脫盡的向日葵或一項農民的褪色草帽，端莊地高懸在那裡。」寫蜜蜂：「它們就在我們身邊，似一種光輝，時時照耀、感動和影響著我們，也使我們經常想到自己是普通勞動者和捨生忘死的英雄。」書中寫白樺林：「我相信，白樺樹淳樸、正直的形象，是我靈魂與生命的象徵。」在這裡，正直是生存的首要條件、方向。同時亦構成了品質、作家在書中讚美羊，因為那是人間溫暖的和平精神。以上這些，都閃耀著作家和平主義、非暴力主義、尊重個體生命、彼此平等相待的思想光芒。作家認為：善良、謙卑、友愛、寬容、和平、質樸無疑應作為一種世界精神加以弘揚。

在這本書中，作家還懷著濃醇的情感敘述了那些漸漸變得遙遠的陌生的事物和業已失落的東西。如在旅行中小鎮上的人在見面時的小小握手禮都令作者那般的感動，在作者眼中，一個天邊小鎮的存在，足以讓喧囂的商業世界感到卑微，甚至羞恥。記錄下這些，就是記錄下人類精神世界的原質。另一方面，作家反覆揭示了人類文明進程與精神相悖的現象。作家感慨地說：「我覺得新時期以來的一、二十年內，在精神意義上，中國再現了西方幾個世紀的進程。這是一個被剝奪了精神的時代，一個不需要品德、良心和理想的時代。一個變得更聰明而不是更美好的時代。」而這本書所折射出的平易而樸素，乾淨得令人屏息的真知正是這個時代的稀世之音，讓浮躁的靈魂得以純淨，在這離自然的道路上，忽然想起自己的來路與故鄉。

葦岸的三本小書

散文作家葦岸（一九六〇年～一九九九年）在其生前逝後，共有三冊散文集問世，我先後藏於陋室，深以為幸。

這三本小書依次是：

一、《大地上的事情》，這是葦岸生前出版的唯一一本書。為樓肇明主編「游心者筆叢」之一種，中國對外翻譯出版公司一九九五年四月版，葦岸先生親贈。扉頁有葦岸的簡短題識：「謹贈筱強兄弟存正！葦岸，一九九七年十一月十一日。」這是我們互通信札的開始，先生在寄贈此書的同時，內附一函說：「這是個體之間通過文字產生的一種呼應，我尊重並珍視每一顆這樣的心靈。」

二、《太陽升起以後》，中國工人出版社二〇〇〇年五月版。這本書是葦岸得知自己罹患肝癌後竭最後氣力編定，委託給友人林莽、寧肯。上有林賢治長篇序言，其中言道：「這是一顆充實的種子，但我懷疑他一直在陰鬱裡長大，雖然內心佈滿陽光。……然而，葦岸寫得太少了。思想和文學的創造，剛剛開始便告結束，無論如何是可遺憾的。」此書在葦岸逝世一周年之際刊印。遵葦岸之妹馬建秀之囑，由責編周岩先生寄贈於我。並邀我赴京華參加首發式，但因經濟拮据未去，心下悵愧。此書裝幀平淡素雅，每捧在手，寵辱皆忘。

三、《上帝之子》，湖北美術出版社二〇〇一年四月版，為周翼南主編「弄墨叢書」之一種，由友人袁毅選編葦岸部分作品配以相應圖片，並在書末選入大量友人懷念文章。具有一定史料價值。內收拙文〈永遠的懷念〉。書由馬建秀大姐惠贈，先平郵丟失後又掛號寄來，方得睹真容，扉頁留有題識：「葛筱強惠存。馬建秀，二〇〇一／十／一。」袁毅在後記〈為亡友編書〉中這樣寫道：「葦岸先生是喧嘩與騷動的當下文壇之外的另類作家，他生活和行吟在養育自己的本土之上，關注四方：他知道大地的脈絡，河流的走向；他熟悉勞動的姿態，農事的細節；他瞭解普通人的尊嚴，簡樸的內涵；他懂得家園的意義，人類生活的全部根基。」

由於葦岸寫作緩慢，對自己的創作過於嚴苛，因而一生作品僅二十餘萬字，因而三本小書篇目大多重複，但亦互有補充。作為研究，可並讀並存。

二〇〇二年一月二十一日
閒讀雜寫，心中無限悵惘
窮愁鄉野，了無好懷，手握友人遺作
斯人已逝，說也堪驚

我齋藏的部分毛邊簽名本

近幾年來，我結識了一大批天南海北的書友文朋，其中有不少是純正的「毛邊黨人」。他們不僅收藏毛邊本，而且自己出版著作時，也做一些毛邊本贈送友人。下面選幾本友人贈我的毛邊簽名本，簡要述之。

一、《昨日書香》，龔明德著，六朝松隨筆文庫之一，東南大學出版社二〇〇二年五月一版一印，明德先生在扉頁題簽云：「筱強同道，這本書是為新文學史上被歪曲被遺忘的『弱勢群體』講話的，請正之。明德，二〇〇二年六月三日成都玉林」。收書後，我品讀數過，寫就〈昨日書香香滿懷〉一文在成都《讀書人》上發表。

二、《看書瑣記》，王稼句著，山東畫報出版社二〇〇六年七月一版一印，稼句兄題曰：「筱強小兄教正，王稼句，二〇〇六年十一月十一日。」在此前後，我幸得稼句先生貺我大著《蘇州舊聞》、《談書小箋》、《吳門煙花》、《三生花草夢蘇州》等數種。

三、《躲在書籍的涼蔭裡》，張阿泉著，四川文藝出版社二〇〇一年八月一版一印，阿泉題識：「百本毛邊書第五十三號，葛筱強仁弟藏此，阿泉。」阿泉是內蒙古獻給全國的一名年輕鮮活的書愛家，謀稻粱於電視傳媒，讀寫在大青山下，其愛書之狂、識書之准、藏書之富、腹笥之博直為吾輩青年楷模。

四、《潛廬藏書紀事》，徐明祥著，中國文史出版社 2○○6 年 12 月一版一印，上題「對星對月對宇宙，用減用無捫遠龍。筱強先生惠存，丁亥春徐明祥。」收此書時，是冰雪消融的春天。明祥君讓我在春天的季風裡不僅聞到花香的馥鬱，還聞到書香的綿長。

五、《草雲集》、《盈水詩草》，皆為淄博袁濱著。《草雲集》，中國文聯出版社二○○二年八月一版一印，書蔭文叢之一，袁兄題簽為「百部毛邊本第七十三號，敬請葛筱強先生雅正。袁濱，癸未初夏於齊都。」《盈水詩草》，作家出版社二○○六年八月一版一印，題云：「筱強詩家清玩。袁濱，丙戌秋日。」值得記敘的是，我收到《草雲集》後寫的一篇文字〈清新淡雅〈《草雲集》〉在報刊上發表後，被袁兄收入此後出版的《草雲集》一書中。

六、《尋找精神家園》，阿瀅著，作家出版社二○○五年十二月一版一印，阿瀅者，原名郭偉，泰山人也，乃為一正版書蟲，讀書博雜，在家鄉辦報紙，善經濟策，在海南建農場。他在書扉題道：「我原對毛邊本持反對態度，後來受從師友影響，漸入毛邊收藏行列。知筱強兄乃毛邊黨徒，特贈毛邊本，供兄一哂。阿瀅，二○○六年二月二十四日。」

七、《澂堂魚素》，自牧著，日影書坊出品。自牧，濟南人，供職機關醫院，勤於讀寫編著，為人任俠豪邁。此集為其書信集也。上題：「真水無香，筱強道兄存正，淡廬自牧，丁亥秋月。」

戊子年春閒記於夢柳齋

窗外迎春花開，黃得眩目

閒說《吳門煙花》

自二〇〇三年春，我與「正品江南才子」（張阿泉語）稼句先生開始互通音問，魚雁往來。蒙他厚愛，先後貽我三本大著，即《談書小箋》、《王稼句序跋》和《蘇州舊聞》。甲申初秋，我又收到他惠贈的小書《吳門煙花》（百花文藝出版社二〇〇四年六月版，係江南風月叢書之一種），工餘之暇翻閱一過，深為這本才情四溢、圖文並茂、攜著款款溫婉水香的小書所吸引。在昏黃的燈光下，我彷彿隨著書中富麗典雅的文字走進了吳門之內，嗅著了佈滿蘇州夜空的或「珠雲填咽」、或「哀怨淒迷」、或「畫舫徵歌」的點點如星陳跡的暗香。

這本小書共收故事一十八篇。在鋪陳每篇故事的過程中，稼句先生以其深厚的學養基礎和扎實中不失靈動的話語風格，察幽探微，由此及彼，開落兩由，資料之豐富使人眼花瞭亂，思緒之紛披令人歎為觀止，十八篇故事在他的演繹下，可以說是雜樹繁花，異彩紛呈。

書中漫漶而恣肆的歷史滄桑感，我以為是本書最引人處。小書開篇的〈癡夢〉，不僅讓我們跟隨著「聲腔圓轉」的曲調「思緒紛紛」，追懷朱買臣之妻這個漢代女子的命運，同時也讓我們飽覽了吹落在朱買臣讀書臺上的塵世風雨。諸如韓世忠的四個妻妾，讓大詞人姜夔魂牽夢繞的青衣小紅，運籌帷幄之間的楊皇后，替皇姐夫給畫師題字、才藝雙絕的楊妹子，俠膽雄心、為父復仇的鄭虎臣，流布皇室與民間的或供娛樂或灑滿春色的泥人兒，早年在秦淮河畔高張豔幟後為道姑的卞雲裝，拙政園內伴夫度過寂寞歲月的柳如是和歷盡喪夫喪子之痛、息影於佛燈之下的徐燦，先後因所謂「節烈」而背棄人性自毀生命的兩個柳依依，印證「亂世紅顏多薄命」的陳圓圓，徜徉於蘇州河水之上的花船、船上冶遊的騷人墨客、船娘及其玉手中的酒菜，都在作家筆下一一復活，在歷史的聚光燈下顯影。而在敘事之餘作家的浮想與感喟更令人擊節和扼腕。如，作家認為，江南巨富沈萬三由興而衰的家族史，即是一部明初朱元璋治國之策的一個縮影。又如，在談了有關梅花墅珠串般的掌故之後，作家寫道：「梅花墅終於成為一個逝去的夢，人們繪之以圖、詠之以詩，想追憶它的勝觀和雅韻。」其實，拍遍歷史的欄杆，我們會發現，千般故事中，哪一樁、哪一件、哪一人、哪一事不皆是梅花墅的命運？

在〈花石〉的文末，作家慨歎道：「往時如煙，休說是朱勔的同樂園，陳氏兄弟的綠水園，就是張家姐妹（即張元和、張兆和、張允和）住過的那個院落，也已經在歷史的風塵中消失得無影無蹤了。」「靜夜裡，隆隆機聲不絕，一輪明月映照的，只有幾棵老樹罷了。」這一番蒼涼至極的話語，讓我忽地想起辛稼軒的那句「風流總被雨打風吹去」，真如冷水澆背，可激醒多少為浮名濁利逐日奔波的魂靈！

在〈真娘與泰娘〉一文中，作家既細畫了款約芊綿的真娘和風華絕代卻人生多舛的泰娘，也言盡了「風流太守」白居易的逸聞豔事，還提及一代名士范仲淹出知饒州時的戀妓故實。吳處淳曾說：「文章絕古不害其為邪，文章豔麗不害其為正。世或見人文章陳仁義道德便謂之正人，若言及花草月露便謂邪人，亦不儘然也。」鑒於此，作家並未因白太守和范知州的「好色」而全否其橫溢的才華和文學史上的地位，而是覺得「即使是歷史人物本身，正與邪的分別，大概也不能以醇酒婦人作界限吧！而是正因如此，這些歷史人物才鮮活靈動起來。」這樣的灼見，並不是時下一些所謂以談性、女人、權力和流派為自我標榜武器的「前衛、先鋒」們能真正體悟的。按他們的標準，我們的先輩早已在幾千年前「前衛、先鋒」過了，他們是「小字輩」，只能算拙劣的效仿者，只能「性」而不能寫出傳世的文章和精神。

關於寫作這本小書的初衷，稼句先生在後記中道：「歷史、風俗和婦女，是我近年比較關心的題目，這本書裡記述的，也就是這方面的內容。這些文章是以蘇州為背景、以人事為對象、以文獻為依據的，既不想杜撰戲說一番，也不想趨附『文化大散文』的時尚，只有一個願望，那就是在有限的篇幅裡，記述一點往事，讓讀者知道一點歷史的滄桑、風俗的轉移和人物的命運。」當我合上這本小書，心中想，稼句先生用一支情感充沛的彩筆，以史家的筆法和小說家的佈局，為我們描繪的這一幅幅「花開花落亦有時，煙水蒼茫寫舊跡」的歷史畫卷和迷人風景，彷彿一縷縷攝人心魄的靈光，早已在不知不覺中襲走了讀書人一生的綺夢。《聖經‧新約》中寫道：「那在前的將要在後，那在後的又要在前了。」或許，那寫書和讀書的，就是多年以後的書中人吧。

甲申梅月識於夢柳齋

心魂裡流淌出故園的歌

——漫談王繼民的散文創作

和王繼民相識，還是我在鄉下任教的二〇〇一年冬天。某日，我到縣城辦事，一個從事廣告的朋友安排飯局，席中即有當時供職於鄉文化站的王繼民。初次相逢，我就為他魁偉的身材、質樸的容貌和親切可感的話語所吸引。在公眾場合，我比較木訥，拙於辭令。他的話語在席中亦不是很多，偶爾插一句，卻頗有自己的想法和見地。飯局很快四散，揮手之間，我和王繼民已互相知道皆為農家子弟，都靠個人的堅忍和勤奮一路走來，所憑無他，僅為手中的一支禿筆。轉年春，縣裡成立報社，王繼民以出色的工作業績被調至縣城，成了一名職業記者，圓了他多年的一個夢。

又二年，我也由鄉下進城，我們之間的來往多起來。我發現在緊張的新聞宣傳工作之餘，王繼民還在用手中的筆吟唱心中的歌。這歌，就是他用散文這一藝術形式，抒發對故園的深深熱愛，以及略帶苦澀的甜美回憶。他的散文創作數量不多，但篇篇質地可感，樸素無華，彷彿能讓人嗅到泥土的芳香和溫暖。芳香，是榆錢飄滿夢谷的芳香；溫暖，是母親在燈下縫補苦難生活的溫暖。

每個人都有自己的故鄉，故鄉對於每個人來說，不管跋涉多遠，離開多久，總是那樣的讓人魂牽夢繞，那樣的如影隨形。故鄉的一風一雨，一草一木，和故鄉緊密相連的一事一景，都是那樣的令每個懷鄉的人觸之心弦一顫，撫之心歌即起。王繼民從灑滿春露秋霜的田野走出來，無論是在鄉文化站工作，還是在縣城報社謀稻粱，對那個生於斯長於斯、給自己留下太多記憶的小村，有著難以割捨的懷戀和感恩。情結於中，自然要傾之於筆端。他在〈麵湯的記憶〉一文中開篇即道：「打死我，也忘不了盼著能吃上麵湯的歲月。」這樣的句子，是不能簡單的以傳統的「豹頭」來論之的。所謂「言為心聲」，這樣的句子，我以為，在更深的層次中，是那段歲月的鏤心經歷，已不能用「烙印」來形容、來比喻，而早如「鐵末」一般嵌入骨肉，和生命融為一體了。

鄉野的時光在表像上是粗糙的，在王繼民心裡卻是細膩的。那給鄉親和自己帶來歡樂的露天電影，仍讓王繼民在多年以後深情地回憶和敘說：「兩根小碗口粗細的竹竿，中間掛著一塊鑲嵌黑邊的銀幕，被繩子牢牢地固定在場院的中央；男女老少心裡懷著喜悅，有說有笑地從四面八方湧向這裡，那場面真比趕集還要熱鬧。小時候，每當傍晚出現這樣的情景時，露天電影馬上就要開演了。」「白天夥伴們聚在一起滑冰車、打陀螺，趕上雪天堆雪人、打雪仗，玩得渾身都是雪，手腳出現凍傷。一到晚上，夥伴們再次活躍起來，自動集合在一塊，用玻璃罐頭瓶子做成小燈籠，點燃裡面的『磕頭燎』，每人提一個四處穿梭遊動。」（〈盼年〉）筆墨不多，皆為白描，卻生動地再現了鄉野特有的甚至是僅有的歡樂圖景。讀這樣的文字，就像在酷暑中吃冰塊，或如冬夜裡在火爐旁烤薯片，帶著一股「天然去雕飾」的清芬，讓人心弦暗動，明目洗心，煞是過癮。

寫故園的文章，大都離不開自己的親人，自然的會歌吟疼愛呵護自己的母親，王繼民的散文亦不例外。在他不多的散文創作中，以母親或與母親密切相連的作品就達四篇之多。

> 昏暗的煤油燈光，照在母親清瘦的臉上。母親聽了我的榆錢兒夢，只是嘴角抽動幾下，下意識地搖搖頭，用手中的針挑

了一下燈芯，露出一絲無奈的笑意，輕聲安撫我好好睡覺，別影響第二天上學。

〈又到榆錢滿枝時〉

當我把燙金的畢業證書交到母親手中時，母親表現出一種如願以償的神情，欣慰慈祥的臉上閃著點點淚花。

〈母親的心願〉

第一眼看到迎出門外的母親，我的臉上掛著愧疚的微笑，淚水默默地在心裡恣意流淌。吃慣了母親所做飯菜的我，面對滿桌的可口飯菜，被打翻的五味瓶攪得吃不出半點滋味。」

〈愧對母親〉

我之所以十分冗長地引錄王繼民原作的文字，是因為這些文字以其真摯的情感深深地打動了我。這些文字裡面，不僅有一個鄉下母親對兒子的摯愛，更有一個兒子對操勞一生母親的摯愛。人世間母子之間默默無言的大愛，在王繼民的散文裡具體化了，形象化了，細節化了，這，比那些大而無當的空頭講章和蒼白的無病呻吟，更能讓每一個心地善良、心懷感動的人感動。

在我利用工餘即將寫完這篇粗淺文章時，王繼民又給我送來一組關於母親的文字，題為《不能讀給母親的信》，涵括十則短文。這是繼民兄得知母親罹患惡性腫瘤後，以日記的形式，字字泣血，句句含悲，「淚向心底流」，傾注筆端的，是一個兒子對母親想說不敢說的深深依戀，讀之令人泫然涕下。

王繼民的散文創作還剛剛起步，擺在他面前的，是一條更為寬廣的遠路。以他現在的作品成績而言，我有理由相信，只要他以自己最深愛的東西為根，以更為深摯的目光凝望自己所愛的生活，堅守住心靈的淨土，一定會寫出更好的樸茂文章，一定會從心魂裡流淌出更動聽的故園之歌。

遠去的村莊，溫暖的家園

——略說丁利的散文集《遠去的村莊》

今年十一長假，文友丁利告訴我，他的鄉情紀實散文集《遠去的村莊》由中國文聯出版社出版發行了，送我一本先睹為快。作為同是從農村走出來的孩子（雖然我們現在都是人近中年），聽到這個消息，我很高興，原因有二：一則為他的勤奮又結出了碩果而欣喜；二則他的這本新著是圍繞親情、鄉情這個主題寫的，更為他重鄉情、不忘自己的來路而感動。

丁利的這本小書，很薄，不到三百頁，但感情充沛，以情帶文，內容豐贍，字裡行間滲透著作者樸素真摯的心音。書中描述的場景、事情都是每一個在農村成長起來的人所熟悉的，紅花綠草，飛鳥走蟲，歡樂和悲傷，痛苦和歡愉，都不陌生，都是那樣親切。草原上空自由歌唱的雲雀，黃昏牧歸的牛哞，夏夜裡鳴鼓的群蛙，螳螂和青草芽，蝴蝶和打碗花，夢中依舊飛舞的蜻蜓，印滿童年笑聲與足跡的山丘、樹林和毛毛道，給窮人困頓生活的帶來慰藉的甜草與河魚，溫暖冬季也溫暖人生的柴草，耕耘歲月的彎勾犁，刻著風霜雨雪的碾道、大鍾、土井，見證豐收與荒年的場院，都在作者充滿深情回憶的筆下一一映現。讀丁利的這些散文，你會突然感到，家園並不遙遠，家園就在身邊，家園就是「一轉身就可以撲進的溫暖而博大的懷抱。」

家園之所以總是讓人無法割捨，不僅僅是因為風物，更關鍵的是人情。這人情裡，飽含著最多的，是親情、鄉情。在丁利魂牽夢縈的家園中，有「遊船般的祖宅」，有走不完的泥土路、趕牛道，有疤痕為證的兄弟，有蘊含手足情的楊樹、杏樹，有自己揮灑過青春汗水和夢想的山村小學，有聽也不聽夠的小屯爆竹聲，有記憶中的車輛和馬匹，有爺爺和他的鴿群，有奶奶的心燈和外婆的雪，有父親的淚水和「編年史」，有難忘的恩師和大段河，有滿載情義、助全家度過難關的一袋穀子……

在作者千絲萬縷的情感中，最讓人唏噓不已、感慨良多的則是他對母親的無限懷念。作者描寫母親的一篇篇至情至性的文字，宛如一曲曲母愛的讚歌。

在〈眼淚留不住小燕出飛的翅膀〉中，當作者攜著新婚的妻子離開老家建立新家時，「我坐在河心的小船上，看到母親猛然間回過身去，她用衣袖擦抹著眼淚。雖然我們相距只是一條河，五六里遠，可母親還是捨不得我們離開，一家人在一起多麼溫暖啊！」

在〈七月的苣蕒菜〉中，「灶臺旁，母親汗水淋漓，不停地用笊籬翻動著苣蕒菜。一縷縷苦澀的菜香溢滿了小土屋，染綠了母親的雙手。」

在〈母親的花布衫〉中，自己和母親在河邊捕魚，「一次，突降暴雨，母親脫下花布衫遮在我頭上，並緊緊把我擁在懷裡。雨過後，我從花布衫中探頭一看，母親渾身濕透了，凍得臉色發紫，我趕緊把花布衫披在母親身上。」

在〈永恆地微笑〉中，母親手術後，「在我家住了不到一周，因為惦記家鄉的老屋，就匆匆回了鄉下。臨走時，母親那慈祥的臉上又露了微笑。」

在〈大段河・母親河〉中，母親病危到城裡急救，「當她坐著小船過段河時，望著河岸上送行的孫兒子女，剛強的母親用盡全力揮著手，淚水無聲地從她蒼白的臉上滑下來，一滴一滴落在深深的段河裡。從此，母親永遠地離開了她心愛的大段河，離開了故土老屋，離開了骨肉親人……」我們常說，細節是心靈的折射再現，情感是文章的冰魄精魂，讀文至此，我想，每一個對故園有著刻骨記憶的人，每一個對母親有著依依之情的人，怎能不雙睛含淚甚而眩然涕下，任淚水濕了衣衫？

寫作是樸素而真誠的傾訴。孫犁先生也曾說：「文藝之途正如人生之途，過早的金榜、駿馬、高官、高樓，過多的花紅熱鬧，鼓噪喧騰，並不一定是好事。人之一生，或是作家一生，要能經受得清苦和寂寞，要在這條道路上，冷也能安得，熱也能處得，風裡也來得，雨裡也去得。」我和丁利交往多年，知道他是個樸素真誠的人。文如其人，他的這本小書也是樸素真誠的。他用自己的樸素真誠，一步步從村莊走出來，走向人海茫茫的城市。他走的是一條踏踏實實的文藝的路，在他身後，雖然村莊漸漸遠去，但通過他的文字，我們可以曉得，那遠去的村莊，正是他堅實的依靠，溫暖的家園。

昨日書香香滿懷

二〇〇二年盛夏，我欣悅地收到亦師亦友的新文學研究專家龔明德先生寄來的大著《昨日書香》（東南大學出版社二〇〇二年五月版，為「六朝松隨筆文庫」之一種）。撫摸著仿布紋的素雅封面，細閱過凝結作者心血的粒粒文字，我猶如在酷熱中喝了杯檸檬茶，清涼之味沁入肺腑，滿懷皆是一脈文心的流香。

這冊集子，是明德先生的第四部新文學研讀的結集，是實證研究類的又一大成果。在這本書裡，先生依然卓姿傲岸，承續乾嘉風骨，以犀利的眼光，溫厚的心靈，謹嚴的態度爬梳故卷，剝繭抽絲，為我們展開一幅幅中國新文學史上的真實畫面；以思辨的精神，純正的情懷，素樸的文字，深入淺出，娓娓絮語，向我們呈示了一個「焚膏油以繼晷，恒兀兀以窮年」的學人風貌。

前塵夢影依稀在，文壇舊事惹情思。在這本令人躁氣頓卸，心靈安妥的集子裡，明德先生不僅對巴金的《家》、葉聖陶的《倪煥之》、張恨水的《八十一夢》、朱自清的《經典常談》、丁玲的《太陽照在桑乾河上》等新文學史上的名著的版本逐一理清，考竟源流，還對自己所藏甚豐的新文學史料進行縝密地考察、辨證，充分施展自己天賦的「讀書得間」的才華，一一更正了新文學史料中的某些錯訛失誤，還之以真面孔。如指出郭沫若的《女神》並不是中國現代新詩第一集，葉伯和的《詩歌集》比之更早；「語絲」的版權人是張維祺，而不是他者；為蒙冤多年的章衣萍洗清污垢；評說凌叔華「剽竊小說圖畫」案的始末，等等。面對真實的歷史，真正的文學史、藝術史，明德先生不僅展示了自己洞若觀火的學養根基，更體現了他坦蕩無畏的學術勇氣！他的議論闡發，雖屬絲絲入扣的考據，卻沒有徹底地在史實中沒頂，他有自己的思想，自己的愛憎。如在〈何謂「損底街罵」〉一文的結末，先生寫道：「在檢閱這些中國新文學史料時，我興致勃勃地只感到一種毫無偽飾的真實，甚至想：若沒有文學以外的力量來干涉，任此類『街罵』在嚴格的文學範圍內『爭鳴』，自生自滅，我們的文學園地該是何等的絢爛，多姿而又多彩，也就是何其『自然生態』啊！」這樣的文字，這樣至純至美的抒情，不僅折射出明德先生的一腔書卷氣，也道出了千古的文人夢！

人如書，書如人。明德先生在集子裡不僅談書卷史料，亦對那個時代的作家、藝術家予以關注。他談魯迅，談茅盾，談徐志摩，談郁達夫，談邵洵美，更為難得的是他談得更多的是中國新文學史上的諸多默默無聞者。一如明德先生在贈書的扉頁上為我寫的那句話：「這本書主要是為新文學史上被歪曲被遺忘的『弱勢群體』講話的。」他稱蓼子是「留給人世」的「美麗花朵」，他談章衣萍在成都十餘年的生活，談鮫人的作品，沈旭的《黎明前奏曲》，趙景深的文壇實錄，無一不飽含厚重而深沉的感情，有如寒夜守著爐火敘述自己的故交知友，令人唏噓。在附編中，他更對巴金的赤子心懷感動不已，為冰心老人的可近激賞至今，對丁玲的辭別人世無限悲痛。這些，無一不燭照出明德先生赤誠的靈魂。正因為有了正直的理念、充沛的濃情溶入其中，才使得這本考據類集子文采飛揚，耐人品藻。

「溫暖書燈倜儻氣，峻寒文章慈悲心」（流沙河語）。明德先生蟄居鍾毓靈秀的成都老城，多年來他在工餘精研新文學史，成果滿枝，已是舉世公認的新文學史研究專家，他的篇篇佳構已是當今真正學人必收的珍品。我偏居苦寒的塞北鄉村，每思起錦江城裡先生齋中閃耀的學燈，胸中不免充滿超拔的氣韻。這世上，正因有了像明德先生這樣的清絕之士，真正的學術薪火才得以代代傳承，才能讓我們在鉛華洗盡的歲月中永抱洗濯心靈的書香。

第三輯

附錄

給筱強的詩
——在小鎮裡的幸福

夏遠志

幻想的海潮沒有季節，
你瘦削的身材，
戴著眼鏡蒼白的臉，
一顆淳樸的心，
並不孤獨。
你用你刺痛人靈魂的詩行，
讓人看到火一樣的唯美。
你的珍寶就是，
朝霞落暮中那群飛翔的群鳥。
心不是泥塑的，
經得住淚水的沖刷。
你的頭腦裡有的是美與劍，
你守護著理性與秩序的生活，
就像井然的小鎮。
可你是被理想寵壞了的野孩子，
勇氣和旗幟一起奔跑。
你堅持、延續著荒蕪的文字，

一個絕壁上的攀岩者，
你苦難的心和方舟，
永不停歇。

關於筱強的評論

最後一個鄉村詩人

寧肯

現在還有鄉村詩人嗎？

一些功成名就的詩人，從城裡搬到鄉村，蓋房築屋或買一農家院，似乎已成文化時尚。如同畫家一樣，他們在鄉村寫作，遠離塵囂，面帶自然氣息，我不知可否稱他們為鄉村詩人。或者他們是精神上的鄉村詩人？是詩意地棲居？我不否認海德格爾，但當我面對一個真正的鄉村詩人時，我開始疑惑。

葛筱強風塵僕僕下了火車，羞怯，激動，一臉倦意，把一摞詩稿交給我，希望我寫個序。我說還是請詩人寫吧。他說出了一些困難。我知道他與京城的詩人有一些交往。我答應了。

他穿越東北平原，早晨到達北京，晚上又坐車回去了。

沒怎麼談詩，我不太懂詩，談得更多的是他的生活。他已經三十歲，有妻女，很高的身體，但已彎曲，像一棵樹那樣彎曲。很多時候，他讓我想起北方那種被風吹彎的最普通的樹，楊樹，柳樹，而且已有一些年輪。他種地，教書，在田間或燈下寫詩，用東北口音給學生念詩。他說今年剛剛收穫了一坰地（十五畝）豆子，也收穫了這本詩集。我說十五畝有多大？他形容了一下，說一壟地這頭到那頭四百多米。我說有多少壟？他說了一個數字，現在我記不清了。我記得當時在想四百米的長度，想我上中學時的足球場，四百米跑道，想我見過的一望無際的田野。他是個地道的青年農民，也是知識份子，讀過師範學校，分配到一個鄉村小學。一個還算富裕人家的女兒嫁給了他，岳丈沒別的賞他，賞給了他一坰地。他說，十五畝地他一個人鏟，幾十條四百米長的壟，每次要鏟一個多星期。他們那地方全稱叫吉林省通榆縣興隆山鎮，那地方靠近內蒙，乾旱，苦寒，勞作辛苦，大太陽，漫天的沙，不好的年景豆種都收不回來。他寫詩。他的臉黑得有灼傷的痕跡，已沉積，他寫詩。

他談到漫長的冬天，他們那兒學校暑假短，冬假長，他怎樣在冬天閱讀，寫作，整理自己的詩集。他說詩是冬天的汗水，冬天是他美好的時光。冬天的大雪，冬天的冰河，冬天的時間，不用下地，學生也放了，他有了時間，他寫詩。他說他在他們那地方已小有了名聲，命運也有所改善，他已從鄉小學調到中學，因為他的詩發表了。他相信詩的力量，詩可以改變一個人的命運。

我向他談到海德格爾，談到詩意地棲居。他一句話不說。我問他是否知道海德格爾，他說知道，讀過。沒有表情，或者像樹一樣的表情。他與樹同在。也許我不該提那個納粹的支持者，但我還是堅持提到了。我有一種非要提到不可的心情，我不知道我是否在嘲弄誰，葛筱強？還是海德格爾？我自己？還是更多人？我們到底該如何面對詩意？直面，還是撒嬌？

寫詩無疑是不錯的，尤其對葛筱強，因為如果他不寫詩那他會是誰呢？他可以選擇別的，但那已不是葛筱強，或者就葛筱強而言，他別無選擇。一個相信詩可以改變命運的人，儘管仍可能是荒謬的，但就我所知，已沒比這種相信更加可信的詩歌。讀葛筱強的詩，雖然仍不可避免感到文化撒嬌的影子（誰也無法逃脫，我們生活在其中），但他與土地與命運難分難解的糾纏中，同樣不可避免地展示了只能屬於他的無懈可擊的詩句，在並不太多的掙脫中，他顯示了驚人的才華：句子就是事物本身。

葛筱強先生的詩較多傳統抒情、鄉愁與唯美的影子，較少追問與反諷，穿透與尖銳，但其中部分詩已有自己卓然不群的風格，與當今詩壇任何一個有成就的詩人比毫不遜色，只是它們還沒有以成熟自覺的姿態脫穎而出。筆者深感既定文化酒窖對一個直接與土地接觸的現代人的遮蔽，詩人一方面顯示了應有的真實與才華，一方面尚未擺脫既有聲音的聲音。這表明了什麼呢？表明詩人不但面臨現實的苦難，同樣也面臨著文化的泥潭。我們可繼承的真正的銳利有個性的文化資源太少，相反的東西太多，而粗痞的氾濫恰好是唯美與放蕩硬幣天然的兩面，真實難以抵達，我們缺少的除了真實，還是真實的——真實的傳統。

注：寧肯，北京作家，現任《十月》雜誌社副總編。長篇小說《蒙面之城》榮獲二〇〇三年度《當代》文學獎。

友人來信

葦岸致葛筱强（三封）

筱強：

你好！

很高興收到你的來信，這是個體之間通過文字產生的呼應，我珍視和尊重每一個這樣的心靈。

你的字寫得很好，作品所呈現的也不再是「開端」，而是已在「路上」。我覺得它只是需要繼續完成某一「作家必備的過程」。我想你會理解我說的這幾句的意思。

有一本《外國名詩人傳》，它的原序中有這樣一句：「愛好真正的詩歌（文學）的人——每一代人中都有很多——是世界上智力方面最最優等的人》」我將這句話視作對我們的最好酬勞。

祝一切順遂！

葦岸

一九九七、十、十六

筱強：

你好！

十月二十七日信收到，謝謝你真摯的文字。

文學是一生的事情，對於讀和寫都是這樣。本質上講，文學及藝術應是人類全體的必要要求，但現實中它僅局限在人類一部分個體那裡，僅對更少的個體產生作用。

寫作是漫長的，也是艱辛的，它會要求寫作者放棄許多並承擔起他應承擔的東西。作為在這個路上的兄弟，我祝福你。

書是九五年出的，我手裡存書已基本沒有，但出版社說他們還有少量存書，故我送你這本。現在看裡面百分之五十的文字如放在今天我不會收進去了。

讀、寫進步！

葦岸

一九九七、十一、十一

注：葦岸先生隨同此信贈我一本他的散文集《大地上的事情》。

筱強：

你這次的前後兩信我都已收。我的頭緒多，不能及時回信，要請你原諒。

我為你的豆子（一種多麼富於東方氣息的作物呀）豐收感到高興。真的，我現在很羨慕一個能憑藉在土地上的勞動而生活的健康體魄，我大概做不到這一點了，只能做一個土地的觀望者（還常常不能完全如願，因為對長途的徒步已有些力不從心了）。

你的日記顯然接近「散文」，它有細節，有表現的實在內容及詩人的心境。

謝謝你為《大地上的事情》寫了閱讀感想，我會珍視（收）的。

對於文學，我現在更多地是看「過程」，而非「結果」。文學是慰藉人生的，但這一點主要還體現在「過程」上若問「結果」，比如大春，至今還不是依然沒有工作，依然不能憑它獲得生活保障（我依然也要應付這個一出校門便幹的工作。就是說文學使我的外在生活並未發生任何變化）。反之，人由於「癡迷」文學，而在外在上卻喪失、犧牲了很多。

當然，這是我們的選擇，衡量並沒有眾人統一的尺度。尺度就在我們的內心。而慰藉也即在我們對文學的愛中。

總之，走上這條道路，歡樂他人難於理解的，而歡樂之外的一切還靠自己堅強地承負。

以上我隨意議論幾句，讓我們共勉。

祝好！

葦岸

一九九八、十、二十五

黑大春致筱强（二封）

筱強：

二十日農曆穀雨，葦岸系列散文廿四節氣之一的同名篇章中稱之為「春天最後一個節氣」，我倆一同渡過。乘從西直門至昌平的345沿線大巴士，我獨自前往，沿途景致正如他大地完全融合的天然的格調，像「拔節麥田，野兔可以隱身了」，「北方著名景觀，褐色鳥巢已漸漸被綠色檔案細心收藏」（大意）……一坐在他的病榻旁（北京協和醫院手術化療後他已不能下樓），他先向我展示了你寄來的照片，他兄長般厚道：「這小夥子儀錶堂堂。」接著流覽了信，而最為賞心悅目讓我倆唏噓不已的則是你那首贈葦岸的兩節構成的詩，像「天賜」，葦岸特意強調這與私交題贈無關。他欣喜地向我表達你的詩歌已發生顯著或長足的進步，已能夠運用經驗而非同以往的表像的抒情模式，辭藻化症狀消失。（我不知是否能夠準確向你轉達葦岸的明顯被感動後並且依舊客觀的雋語），囑你將此詩寄給《武漢晚報》的袁毅。

急於寄發受命於葦岸送你的照片！

黑大春

一九九九、四、二十三

筱強詩弟：

……

「不可抵禦的黑超過一切」，「我只有把絕望填進爐火」，這些簡單就是「留下的詩歌」。我喜歡你《黑色的絕望》卡夫卡式的宿命和始終貫穿於私人秘密日記式的獨白，較之你過多的海子的田園詩意象群（如：麥子又瘦又小，村莊母親，風燈，馬匹，營地）語感（如：一閃而過，今夜……）及抒情模式，我更傾向這彷彿來自現代心理分析學「潛意識」的自我發現的夢囈，病態的美，對樂趣的同義語的認知力與對「所謂孤獨」的消解精神。不過在恒常的悖論的循環裡面，你詩歌中鮮明的節奏和清澈都是那麼迷人，如果能夠溶入以上那種更多的黑色……或許一位成熟的大家就是一使分裂的，多重、且矛盾敵對的元素整合的魔法師。孤握住獨！

黑大春

一九九八、三、十七

樹才致筱强（五封）

筱強：

你好。

來信收到。遲覆為歉。

如你所言，近來有一法國詩人代表團訪華，我捲入其中，閒人頓成忙人。

活動剛剛結束。我剛從成都返回，忙得已有兩周多未能上網讀信。

你的詩，我已細心讀過，能體察到你內心的痛楚。你力圖寫出沉重的現實感受，以「紙上閣樓」為慰藉。

在給定的現實和可能的詩之間，是詩人痛苦的此生。但是，被理想哺育的詩人必須經得起現實鐵棍的擊打。

所以說，在詩人的生存中，必須把手伸向粗礪的現實棱角，在詩人的寫作中，必須用筆向語言創造的可能性敞開。

理想有時並不助人反抗，最可貴的還是對生命和美的熱愛，而探索精神則引導詩人把詩當作一門獨立的藝術來追求。

生存的意義也許正在於：生存本身充滿痛苦。但痛苦是力量，是藥劑。

餘不多言。多寫多讀，常有快樂。

樹才

二〇〇五、五、十八

筱強：

你好。

信悉。讀完詩，內心喜悅，因為有風景湧入。這些短詩即興而起，止於所至，自然灑脫，寄寓情懷，確實是內心豐富的印證。尤其《棲賢寺》、《長壽山》、《野生動物園》，情思之內，還溢智趣。《日出》中有「我放棄內心的斜坡」，有些意味。當然，詠懷之作，若能沉浸更深，則內心更有「話」說。得有東西說，還得說得不凡。寫得挺好，可喜可賀。我最近為來訪的幾位法國小說家，在國際圖書展上作了兩次介紹。主要寫那本關於「詩歌的翻譯」的論文。明日起旅行，回浙江一趟。

秋安。

樹才

二〇〇五、九、十一

筱強：

你好。

信收。謝謝。你從哪兒聽說我出新書了？看來消息不確，因為我都不知道呢。我有新書，定會寄贈，筱強放心。倒是確實在準備一本隨筆集，但我懶散成習，還須寫三萬字左右，方可成書。今年是法國文化年，五月有法國詩人來訪，我免不了為此忙碌一番。你的詩情，可謂明淨，同時滲透進一種深情。抒情味兒很濃，可見你的內心易於感傷。也許可以用肉眼，也用心眼，對景物「觀看」得更仔細些，這樣可以抓住更有興味的細節……為二〇〇五年祝福你和全家。

樹才

二〇〇五、十二、十四

筱強：

你好。

你的信中滲透著那麼強烈的孤獨，令我一驚。孤獨深潛於內心，你那種「忽然想哭」的感覺，正是從內心深處湧上來的。去年年初，我從杭州醉酒回京，也曾一度被掀起的虛無感攫住，有時念著書，或幹著事，一停之際，內心突然一片空白，為人生虛妄、俗念難去而悲憫不已，察覺之時，已在默然落淚。不管怎樣，人生是一樁重大的難事，有人取喜劇的態度，也有人笑鬧中取樂，你和我的態度大約是帶著悲憫的認真。但也要學會放鬆，儘量打開視野，逐漸了悟自己。春天來了，多跟花草樹木相處，內心會體驗到一種美，事物就是這樣沉浸在「默默者存」的無言之美中。我近來的確忙於事情，但又無法躲開。隨筆是閒逸放鬆時才能寫的，最近也停了。發一篇較長的，寄你一讀。孤獨時，觀看、冥思或寫點什麼，也許從中可得寬解。要相信自己的力量。再祝春天快樂。

樹才

二○○六、四、二十三

筱強：

「尺度就在我們的內心。而慰藉也即在我們對文學的愛中。」

讀到葦岸的信，他這個人的音容笑貌又出現在我的眼前。

一轉眼的功夫，他離開人世已有七個年頭了。

他寫的信多麼誠摯啊！他說出了文學的重要的原理。

你的《在秋風裡》寫得整齊，旋律感很強。寫得憂傷，是一種憂傷之美。

自由詩自由詩，感受的方式和表達的方式都可以更個性化一些。

我已於昨日給你寄出兩書，因我知你掛記。你注意查收吧！這一周應該能到。

祝好。

樹才

二〇〇六、八、二十八

王稼句致筱强（三封）

筱強：

四月二十六日大札拜收，知道你的信箱，以後就可照此途徑聯繫了。

《江海晚報》（南通）的文章，好像是你談徐明祥的書，大概是袁濱寄來，讓我找報刊發表，我有點記不清了。

明天我去天津，參加河北教育社的一個新書座談會，二十日到濟南，山東畫報社有點事，另外到曲阜去看看。

餘言後敘，順頌

安好。

稼句謹覆

二〇〇六、五、十六

筱強小兄：

〈心魂裡流淌出故園的歌〉又大札先後收得。

於大作並無話說，這種寫法則較為喜歡也。

袁濱的《吳門三種》，嘗未看到，但總擔心又言過其實，溢美了。

近來並無新書，有一本《三生花草夢蘇州》尚在案頭，出版社已預告七月印出，恐怕有點來不及，九十月面市，應該是可以的，當不忘奉上一冊。

蘇州已經進入梅雨季節，所謂煙雨江南，就指此地此時此景。

餘言後敘，順頌

近安。

稼句謹覆

二〇〇六、六、十一、

筱強：

來信收到，你既已買得《看書瑣記》，就不給你寄了，請多多批評。

上月又印出一本《晚清民風百俗》，惜樣書索盡，無可奉上。下半年或還有新書印出，但與「讀書」不搭界也。

蘇州天氣炎熱，遙想通榆，一定涼爽宜人。

餘言後敘，順頌

安好。

稼句謹上

二〇〇六、八、二十三

筱强致王稼句

稼句先生：

大札收到。謝謝您。

您的信，讓我自然地想到戴望舒的〈雨巷〉一詩。石板街，油紙傘，粉牆黑瓦，梅雨紛紛，想來在那煙雨的巷中一定會有許多雅事、逸事、絕而又絕之事吧。即出的《三生花草夢蘇州》，一定又是一本如《吳門煙花》那樣的令人低徊的佳構。我盼望著早日讀到它。

您的山東之行讓我神往。真是渴念如先生一樣過著讀書、編書、寫作和腳走天下、如閒雲野鶴般的生活。

祝安祺。

筱強謹覆

二〇〇六、六、十二

袁濱致筱强

筱強兄雅鑒：

來件收得。今年因搬遷新居，一直未沉靜下來，讀寫欠收，俟有新作，可寄你哂閱。謝謝雅意。

能去東北，自然也是好的，但難以脫身，近期恐怕難實現矣。內蒙的馮傳友兄約了多次，我自己都不好意思了。稼句那裡也說了要去，也是不能成行，奈何！

你若有機會，可來山東一走，我陪同還是有時間的。

先說這些。順問

夏祺

袁濱　謹覆

二〇〇五、六、十四

張阿泉致筱强

筱強：

詩很好，已編入「暢所」。畫冊收到，不錯。臺灣吳老來過這裡。希望你不要在官場浪費時間，儘快找到合適的安靜勞作的位置。

張阿泉

二〇〇五、五、十六

艾蒿致筱強

筱強：

昨日收到你的來信，我剛剛講完公開課。為了準備這節課，匆忙了一周之餘，收穫的是身心疲憊。課講完了，也輕鬆多了。

如是便深曉了那個道理：如果你是一個奮鬥中的人，收穫的是痛苦或許是慘敗，但幸福也就蘊含在這個過程中了。

因之，堅強於我們，便特別重要。因為我們自認為是奮鬥著的人，而不是碌碌無為之人。儘管我們為之奮鬥的東西，被許多人看作可有可無的東西，甚至是虛無縹緲的東西。但因為我們自己喜歡，這就足夠了。我們為自己活著。即便痛苦。憂愁，因了是為自己，我們還有什麼理由不挺過去呢？

有一句話我已經對好多人說過了。今天我想對你說。那句話是：已經過去的日子和能夠挺過去的日子都是好日子。

把我們經歷的一切都看作是美好的，這我們就心地坦然了，因為這等於我們在內心已經換了一種方式來生活。

生而為人，必為生計所苦。苦中求樂，方為人之高境。

堅強，再堅強，再堅強些！

只有相信明天比今天好，比今天有意義，我們才能有權力活在這個世上。因為我們除了相信明天會比今天更好之外，沒有一個東西值得我們去相信。虛無，盲目，只能帶給我們更大的虛無和盲目。

詩有時是很害人的東西。

古今中外，大凡有成就的詩人，無一不是歷經滄桑之人。這是詩需要人付出的代價。儘管這樣，我們在很大的程度上，依然不會成為一個真正的詩人。

但我們努力過，這個過程是美麗的。

沒有了這個過程，一切也都失去了意義。

在詩歌的道路上，我給過你指點，但沒有給你更多的，更好的幫助。你今天的詩已經遠遠超過了我。這是我為之欣慰的地方。

如果你堅持著走下去，求得一方心靈的淨土，是能夠實現的。有時候，我們沒有得到他人的承認，反倒是一種好事。因為，這時我們無名利之牽掛。把生活搞好，一定要搞好。

你生存的環境，適於寫詩，累的時候，出去走走，你會好起來的，真的。

只要堅強，它不僅是一種使我們生活下去的信心，它更是一條道路。

無論如何，海子的死是個悲劇。雖然有力量，但於我的心中，我不希望人間再有這樣的悲劇發生。立志當存高遠。

那兩首詩，我將保存一生。

兄長：艾蒿

一九九五、三、三十一

注：當時我因生活受挫，心灰意冷，有自殺的傾向，遂寫信給摯友艾蒿，並附詩〈春天的死亡之書〉和〈獻詩〉，這兩首詩我已無法找到。我能活至今天，這封信功不可沒。

夏遠志致筱强

筱強：

來信收到，一直忙亂，遲回信，諒解。

關於你寫的音樂感受，有幾則很好。是自己聽完之後的感受。我認為聽音樂不是看畫面，特別是古典音樂及一些後浪漫主義的音樂，如果能從每首曲子中每一個跳動的音符中感受到自己內心想要的東西，或激發出人的一串聯想的幻像，也就是說真正被感動過一次，便足矣。

關於你買的《梵谷傳》，是特別好的一本書，從書中能發現一個藝術家為什麼對藝術如此迷戀。特別是當你走近梵高的生活時，當你看到梵高去鄉下作畫時的心情時，好像你的夢想也隨著實現了。羅曼・羅蘭的原著也要好好看一看，他不僅代表著法蘭西文化，他和托爾斯泰一樣是精神世界的英雄。

我想寫詩應是內心世界的真實感覺自然流於筆端，躍然紙上。詩有它的深刻性。雖然有各種流派，但我比較喜歡的比如：艾略特，愛倫坡，蘭波；遠一點的：耐瓦爾，西爾堤等。他們的詩有一種永恆的東西能抓住你。但這種永恆不能作出來。必須經過長時間的錘煉，積澱。

你的病不重我比較高興。詩人不能總活在一種抑鬱的情緒裡，應常寫信與朋友之間溝通。因為不知有多少被現實撞碎了的生命之舟。活得輕鬆些再輕鬆些，把你要的心情放下來，一句話比較好：不求佛心，方得佛性。

我想對中西方哲學你一定不熟悉。有時間一定要看一些，有機會出去還要買一些藝術史方面的書來看。絕不要局限在一種很窄的情緒裡。你來的信，不只寫給我的一封，寫給艾蒿的信，有時我也能看到。你對現代西方哲學中比如唯意志主義，存在主義一定不甚了了，你的孤獨，抑鬱感，就像海德格爾，克爾凱郭爾，卡繆，薩特，卡夫卡他們筆下的有些人的情緒。擴大、展開自己的心靈，多吸一些新鮮空氣，多閱讀一些自己喜歡的，探索看看，逐漸思路清晰。會覺得一片接著一片藍天無限美好。

看書最怕墜入一種情緒裡。（特別是對一個身體不太好的人）。因為在一切還不成熟時往往會很疲憊。還應生活在一種溫度裡，來孵化自己。這種溫度就是不斷學習、閱讀、交流、深化，之後才是像梵高一樣的對生活的無限渴望！發現美好的人生！

僅寫到此，來信，祝愉快。

夏遠志

一九九六、十一、十二於學校

李曉東致筱强

筱強：

……

我不太懂寫詩，您看到那首，只是因為我太喜歡那首《江河水》的二胡曲。那裡似乎包含了無邊的悲涼和愁苦，它有一段時間抓住了我。雖然我從事西洋樂，但仍為之深受感動。記得日本指揮家小澤聽了《二泉映月》時曾淚流滿面，說這個曲子應該跪著聽，我那段的心情也相仿，於是就亂寫了一首，不能叫詩。之所以不敢寫，因為太難了，好像那是同語言的一場爭鬥，日常的語言根本無意義。詩應該營造另外的世界，所以它的語言就要從日常中剝離出來，這個難度嚇壞了我，所以就沒有再試。

和夏遠志的通信是那時讀書的一個記錄。二十多歲時正是瘋狂吸收之時，現在看書就與那時不一樣了，已轉入到經濟學、科學哲學，文學看得少多了，偶爾看看伍爾夫，尤瑟納爾，博爾赫斯，能吸引自己的越來越少了。時下流行的小說和詩很少看，似乎已經老了。

……看了您的作品，覺得語言很乾淨，講究，看出來您寫作的時間已經不短，所以下筆很節省。您似乎是個樂觀主義者，把鄉村描繪得很浪漫。您的感受也很敏銳，對景物也很重視。略有不足的也有，當然文學寫作上我是個外行，稍提一點意見：也許貧困中更深藏著詩意，艱澀中更駐有溫情，鄉村中也有黑暗的一面，也有默默無聞的一生。一條狗，一棵樹等等都可見到一個完整的世界。甚至太陽出來之前的靜謐，都有自足的詩意，詩人應當見到尋常人見不到的異象，說得玄點兒，像里爾克：「讓物回到物。」景物應不再是單純的景物，更是內在化的，精神化的，說白一點，景物不應停留在眼睛上，而更應是心靈化的，您的文字似乎還應深入些，精神化一些，就更好了。

如今安於讀書的人不多了，像您這樣勤於寫作的人也不多了，也許是環境的原因，人們越來越忙碌了，而領悟藝術卻需要「慢」的時間。願您在那一方僻靜的地方寫出更多的更好的作品來。

祝愉快！

李曉東

二〇〇〇、七、二十八

成長的歷程

——我的自述

我於一九七三年農曆十一月二十九日出生在吉林省通榆縣大圍子村。這個村子，我認為她是東北農村的一個縮影。貧窮、平靜、幻想構成她以農事為主的全部面貌。她給了我兒時一切美好的生活與回憶：水，草原，以及許許多多的白雲和小鳥，讓我的童年充滿了歡樂和純潔。在我的心裡，我的故鄉在北方，而不是一個具體的村落，大圍子村已是我精神故鄉的一個象徵。

由於父母的影響，我得以在小學時代接觸並閱讀了《紅樓夢》、《白話聊齋》、《警世通言》等古典小說。現代的小說是蕭紅、蕭軍的《生死場》。稍後我讀到的刊物《青年月刊》是記憶中較好的讀物。我還記得當時讀初中的兄長說中國出現了一種新詩，沒有標點符號，當時我很詫異。而現在，我寫的就是這樣的詩。

本來，我的理想是考高中。然後進入大學的中文系。在我的思想中，中文系是能夠盡情讀書的地方。但由於家境窘迫，只好進入一所中等師範。那四年的生活是我年輕的生命中值得懷念的寶貴光陰。在這期間，我的老師和同鄉艾蒿給我的鼓勵與幫助我會銘記一生。在他的指導下，我不僅讀了大量的優秀之作，而且養成了讀書的習慣。我開始試著寫些短詩。也陸續在一些報刊上發表。我的處女作發表時，我正好過十六歲生日。

一本《梵谷傳》樹立了我對文學的信仰，也明確了自己的前進方向。在閱讀上，我放棄了原有的饑不擇食的方式，開始有選擇地「悟」書。我越來越感到一本好書可以帶來無窮的幻想和創作的慾望。人的一生不必閱讀太多，幾本書加上自己的心靈便可能成為旺盛的源泉。

對我的詩歌創作風格影響較大的有泰戈爾、紀伯倫、里爾克、惠特曼、駱一禾。但影響最大的是海子，這是需要我用一生來熱愛的天才。在思想上，叔本華、尼采的著作我曾一度沉入其中，丹納的《藝術哲學》，羅丹的《法國大教堂》，劉小楓的《詩化哲學》對我觸動較大，但更大程度上，當代散文作家葦岸簡約、清晰的文字，樸素無華的文風，以及他敦厚寬容的為人風範，徑直走入我的心靈。他不僅給了我莫大的扶持，還為我引薦了浪漫詩人黑大春，使帕斯「詩把詩人變成了兄弟」這句話得到了最好的映證。

海子曾說：「我本應該成為迷霧退去的河岸上／年輕的鄉村教師／和純樸的農家少女一起陷入情網。」我實現了他的夢。唯一不同的是我背靠山丘，它是新石器文化遺址。我曾對友人說「我呼吸的／是遠古的空氣／我伸手抓起的泥土／是先人的骨頭和迷離。」

這些年來，如果說我的文學創作取得了一點兒聊可自慰的成績，自己的三百多篇（首）文學作品能夠在《詩刊》、《文藝報》、《中國環境報》、《吉林日報・東北風》及其它各省市報刊發表，並於二〇〇四年成為吉林省作家協會會員，那麼，我要感謝的，就是所有扶掖與引領我走好讀寫之路的友人，是他們，讓我在最黑暗的日子撥亮心燈，堅強地面對並承受生活賦予我的一切。

我是天性敏感悲觀，內向少言的人，對命運的無常和生命的虛無感同身受。我唯一想在長久沉默中說出的話是：我是生活在光明與黑暗交界線上的人。

人生讀寫簡歷

1973 年

11 月 29 日，生於吉林省通榆縣大圍子村。父為農民，母為家庭婦女。

1981 年

9 月，入村小學習。小學時代即對文學非常有興趣。在母親的指導下閱讀古典和現代文學作品。

1987 年

9 月，入鄉中學學習。開始習作詩歌、童話。

1990 年

9 月，因家境貧寒，報考通榆師範，並以全鄉第一名的成績考入該校，原本上高中考大學中文系的理想未能如願。在師範讀書期間開始系統閱讀經典文學，海子的詩成為至愛。結識同鄉詩人艾蒿，成為摯友。

12 月，第一首詩歌〈家園〉在《白城日報》上發表。

1991 年

10 月，參加河南鄭州《大河》詩刊舉辦的「第二屆黃河杯詩歌大獎賽」並獲「中學生獎」。

1992 年

開始在《白城日報》、《白城晚報》上陸續發表作品。

主要作品有詩〈祖國啊，我親愛的祖國〉、〈四月〉、〈雪意〉、〈六月〉、〈水的傳說〉、〈沉默的河〉、散文〈離家〉等。

1993 年

6 月，詩〈初約〉榮獲《芳草》文學月刊優秀作品獎。

7 月至 8 月，獨自走完白城市境內五縣。

1994 年

7 月師範畢業回家鄉小學任教。因心情憂鬱有自殺傾向。

1995 年

11 月，與蔣緒結婚。工作調入興隆山鎮小學。

12 月，詩〈海水〉榮獲《青年月刊》雜誌社「96 全國青年短詩大賽優秀獎。

1996 年

9 月，女兒出生，取名昕然。

1997 年

8 月，與西藏詩人紮西才讓通信，並在其主持的民刊《文化縱橫》上發表隨筆〈黑色的絕望〉。

10 月，寫信給北京散文作家葦岸，至其去世（1999 年 5 月 19 日）共通信 8 封。

12 月，在葦岸的推薦下，湖北《武漢晚報》「白雲閣」副刊發表詩歌〈黑夜之歌〉。

1998 年

1 月，經葦岸介紹，與北京詩人黑大春開始通信。

3 月，加入白城市作家協會。

4 月，在葦岸的影響下，閱讀梭羅《瓦爾登湖》，並深陷其中，開始嘗試寫系列散文〈農夫筆記〉。

1999 年

3 月，收到河南女詩人藍藍來信，告知葦岸患肝癌，心情沉重。寫〈短歌〉一首寄去，得到葦岸的喜愛和贊許（黑大春在信中說）。

5 月 19 日，葦岸去世，因未去參加葬禮，深懷愧疚和遺憾。寫日記體文章〈永遠的懷念〉。

6 月 2 日，〈短歌——悼葦岸〉發於《武漢晚報》。

7 月 25 日至 30 日，因妻弟車禍去世，精神受到打擊，深感人事無常，獨自旅行到北京。與黑大春相聚，並到葦岸的故居昌平憑弔，與其家人合影留念。結識作家寧肯，結識青年詩人王寶卿。

10 月 28 日，在《中國環境報》發表〈農夫筆記〉三則（〈早晨的聲音〉、〈麻雀〉、〈小山鼠〉）。

2000 年

1 月，調至興隆山鎮農職中學任教。

5 月 2 日，《武漢晚報》刊發〈短歌〉一首，並配發寧肯評論〈質樸本真的詩歌〉，得到較高評價。

5 月 11 日，《中國環境報》刊發〈農夫筆記〉三則（〈秋天的車輪〉、〈生活之重〉、〈暮秋〉）

7 月，經同鄉夏遠志介紹，與吉林藝術學院音樂系教師李曉東通信談藝術。

9 月，經葦岸妹妹馬建秀介紹與北京詩人王家新通信。

2001 年

1 月，《文藝報》刊發〈農夫筆記〉二則（〈黃榆〉、〈自然之詩〉）。

7 月，〈永遠的懷念〉收入湖北美術出版社的懷念葦岸文集《上帝之子》。

10 月，與內蒙張阿泉通信。

12 月，《中國環境報》刊發〈農夫筆記〉五則（〈浩蕩的鴉群〉、〈垂柳下的家〉、〈雨後的天空〉、〈一個自然主義者的清晨〉、〈素食主義的必要〉）

2002 年

1 月，《武漢晚報》刊發散文詩〈跳動的爐火〉，詩〈雪〉、〈水的傳說〉。

2 月，收到詩人、翻譯家樹才來信。

3 月，經張阿泉介紹，與四川新文學研究家龔明德通信。

4 月，評論〈像螞蟻一樣勤勉的人—袁毅印象〉刊於《中國環境報》。詩〈寫給父親〉、〈自度曲〉刊於《武漢晚報》。當選為白城市作家協會理事。

7 月，孤雁遠行至內蒙呼和浩特，與張阿泉見面，始淘舊書。

8 月，與清華大學中文系教授楊民通信。

9 月，自編詩集《最後一個鄉村歌手》。作家寧肯寫評論〈最後一個鄉村詩人〉，發於《南方週末》，受到較高評價。

10 月，北京《詩刊／下半月》刊發詩二首，〈愛〉，〈黎明〉。

11 月，開始寫系列詩作《公開的情詩》，計五十首。

2003 年

3 月，工作調至通榆縣委組織部。《詩刊／下半月》發詩五首，並配發林莽短信一封。

4 月，《詩刊／下半月》發詩一首，係「春天送你一首詩」活動參與詩，〈有一位抒情歌手順手取走了清晨〉。

5 月，與北京詩人樹才通信，樹才贈詩集一冊，詩論集一冊，譯詩三冊。

6 月，開始寫作書評。〈枕前留夢有阿泉〉發於《青島日報》。

8 月至 12 月，先後在《吉林日報・東北風》讀書版發表書評〈草原文明的薪火不滅〉、〈一本讓靈魂安靜的書〉、〈清新淡雅《草雲集》〉。

2004 年

1 月至 6 月，開始與蘇州古吳軒出版社總編輯王稼句，南京大學教授的徐雁，山東淄博袁濱等作家、書話家通信，與山西作家楊棟通信，受益匪淺。期間書評〈昨日書香香滿懷〉、〈枕前留夢有阿泉〉（刊於成都《讀書人》雜誌）、寫評論樹才詩集的文章〈不可多得的單獨者〉。

7 月至 2 月，寫作甚少。被《吉林日報・東北風》評為 2004 年度榮譽作者。加入吉林省作家協會。

2005 年

2 月至 8 月，沉潛於讀書，所寫甚少。

9 月，赴北戴河旅行，平生第一次看到大海（渤海）並在海中游泳，登山海關、長壽山，寫短詩一組〈北戴河紀行〉。

10 月，獲白城市第二屆政府文學獎銀獎（金獎空缺）。

2006 年

3 月，詩歌〈美麗草原〉、〈五月的花楸樹〉刊於新疆《綠風》詩刊 2006 年第二期；

4 月，詩歌〈海子死了〉、〈形而下的鄉村〉刊於白城季刊《鶴苑》；

5 月，詩歌〈春風〉刊於新疆《綠風》詩刊二〇〇六年第三期。

7 月，赴內蒙阿爾山旅行，寫短詩一組〈阿爾山紀行〉。

2007 年

1 月，開始與臺灣女詩人涂靜怡通信，並在其主持的民刊《秋水》上先後發表詩歌〈重逢〉、〈這一年秋季遙遙無期〉、〈春天〉。

9 月，〈夢柳齋日記〉四則刊於《吉林日報》。

10 月，〈夢柳齋半月日譜〉收入山東作家自牧編《日記雜誌》24 人專刊。

12 月，書評〈寂靜的春天：一本呼喚人類良知的書〉刊於《海南日報》；書評〈紀事書林一小潛〉分別刊於《書友》報和《清泉部落》報。

2008 年

1 月，書話〈收藏伍立楊〉刊於廣西《桂林日報》；書評〈一本詩壇地圖和兩個不眠之夜〉刊於《海南日報》。

6 月，書話〈金陵雁齋的書事燈影〉刊於《山東圖書館季刊》。寫書話〈有一段書緣書事，與盈水軒有關〉。

7 月，好友、詩人艾蒿詩集《敬歲月一杯酒》出版，內收所寫評論〈詩歌世界裡的審美人生〉。

後記

——回顧所來徑，蒼蒼橫翠微

屈指算來，我自十八歲開始寫作，迄今已近二十載了。梁啟超老先生在慨歎人生如電如露時說：「風雲入世多，歲月拋人急。如何一少年，忽忽已三十。」對我來說，豈止三十，眼見著花開花落、雲起雲飛，低頭真可一驚，已是奔著不惑狂奔了。遙想當年，長髮披然，詩情四溢，年少的我一邊求學（隨後授課），一邊讀寫，真可謂苦讀燈下、奮筆紙上，創作多以詩歌為主要體裁，風格趨向西方現代派和中國朦朧詩後，時有作品刊於中國作家協會主辦的《詩刊》及新疆的《綠風》，並被選入中國詩歌年度最佳選本和新世紀五年選本。

然華年如箭，世路多歧，木訥如我卻躋身於左右逢源、暗流激湧的機關謀稻粱，亦使詩心漸滅、浮躁橫生。所幸自己骨子裡仍是書生本色，仍有「山雞自愛其羽」的心靈，仍知讀寫乃為此生安妥靈魂、立命天地間的「桃花源」，遂在工作之餘，一如舊日堅持著多年的積習，讀寫不曾懈怠。只是隨著如瀑的光陰，我漸漸地和作家張阿泉先生一樣，更多的時候，耽於讀而疏於寫。因為在灑落日光月色的密密書林中，我甘願作一隻穿梭其間的飛鳥；在千里煙波浩蕩的書海裡，我太想作一片浪遊其上的白帆。即使寫，也多以見情見性的散文、隨筆和書話居多了。由此，日積月累，一如農夫，有春種即有秋收，便有了這本樸拙的小書。

攏畢這冊薄薄的小集，我深切地感到，這些文章甚至不是純正意義上的文學作品，實為自己目耕自然的記錄、讀書品人的心得和跋涉人間的心跡履痕。萬物、心境，友朋函、夜讀抄，品書瑣記、生命之思，構成了一個讀書人雜草叢生的「讀寫座標」，一束漫遊者雜遝無拘的「歲月書簡」。一些篇目，比如「夢柳齋日影」，簡直就是「原生態」的紀實，宛若東北平原恣意蔓生的野草，天然樣，無掖藏，純粹是私人回憶的「倉庫」，之於讀者諸君，僅聊作「風吹哪頁」的閒翻罷。

在讀書圈裡素有「王蘇州」雅譽的蘇州作家王稼句先生，在其大著《看憶瑣記二集》中讓人羨慕地說：「我還在繼續那樣的生活，不必為衣食之謀，朝九晚五地到班，不必為公家之事，瞎三話四地開會，不想見的人可以不見，不想說的話可以不說，不該喝的酒當然也可以不喝，這都由著自己。因此就心情來說，可以說是悠閒的。我早過了青年階段，沒有『必讀書』的要求了，也不需要應付體制內的規定動作，更沒有想當專家學者的念頭，至多就是想多知道一點什麼。因此，我的看書就來得隨意了，有什麼書看什麼書，想看什麼書看什麼書，什麼時候看也就看了，有時一本厚書很快就翻完，有時一本小冊竟消磨幾個黃昏。」這真是天下所有讀書人追求和夢想的境界。晚生如我，除卻讀寫，仍要為生活奔波勞頓，惟冀此境於不久的將來實現罷。

「回顧所來徑，蒼蒼橫翠微。」作為一個自然人，我的人生剛近中途，而作為一個以讀寫為生命的人，真正的創作才剛剛開始。這本小書能得以出版，要衷心感謝成都作家朱曉劍先生向臺灣秀威書局的鼎力引薦，感謝著名作家伍立楊先生和我的多年好友、作家兼書愛家張阿泉先生在滾滾紅塵中抽出時間為小書作了精彩的序言，感謝秀威出版社蔡登山先生及責任編輯林泰宏先生的辛勤勞動，感謝多年來鼓勵我持之以恆地讀寫的親朋，以及給予我無私幫助和引領的諸位作家前輩，茲不一一。

二〇〇九年十一月六日，筱強深夜於夢柳齋

時窗外燈火闌珊，寒風呼嘯，北地時令已是落雪的初冬了

國家圖書館出版品預行編目

夢柳齋集：一個讀書人的隨筆散札 / 葛筱強著.
-- 一版. -- 臺北市：秀威資訊科技,
2010. 06
面； 公分. -- (語言文學類；PG0361)
BOD 版
ISBN 978-986-221-459-6(平裝)

523.36 95011262

語言文學類 PG0361

夢柳齋集
——一個讀書人的隨筆散札

作　　者 / 葛筱強
主　　編 / 蔡登山
發 行 人 / 宋政坤
執行編輯 / 林泰宏
圖文排版 / 陳宛鈴
封面設計 / 蕭玉蘋
數位轉譯 / 徐真玉　沈裕閔
圖書銷售 / 林怡君
法律顧問 / 毛國樑　律師
出版印製 / 秀威資訊科技股份有限公司
台北市內湖區瑞光路 583 巷 25 號 1 樓
電話：02-2657-9211　　傳真：02-2657-9106
E-mail：service@showwe.com.tw
經 銷 商 / 紅螞蟻圖書有限公司
台北市內湖區舊宗路二段 121 巷 28、32 號 4 樓
電話：02-2795-3656　　傳真：02-2795-4100
http://www.e-redant.com

2010 年 6 月 BOD 一版
定價：320 元

讀 者 回 函 卡

感謝您購買本書，為提升服務品質，煩請填寫以下問卷，收到您的寶貴意見後，我們會仔細收藏記錄並回贈紀念品，謝謝！

1.您購買的書名：______________________

2.您從何得知本書的消息？

☐網路書店 ☐部落格 ☐資料庫搜尋 ☐書訊 ☐電子報 ☐書店

☐平面媒體 ☐ 朋友推薦 ☐網站推薦 ☐其他__________

3.您對本書的評價：(請填代號 1.非常滿意 2.滿意 3.尚可 4.再改進)

封面設計____ 版面編排____ 內容____ 文/譯筆____ 價格____

4.讀完書後您覺得：

☐很有收獲 ☐有收獲 ☐收獲不多 ☐沒收獲

5.您會推薦本書給朋友嗎？

☐會 ☐不會，為什麼？______________________________

6.其他寶貴的意見：______________________________

____

____

____

讀者基本資料

姓名：__________________ 年齡：______ 性別：☐女 ☐男

聯絡電話：________________ E-mail：__________________

地址：____

學歷：☐高中(含)以下 ☐高中 ☐專科學校 ☐大學

☐研究所(含)以上 ☐其他______________

職業：☐製造業 ☐金融業 ☐資訊業 ☐軍警 ☐傳播業 ☐自由業

☐服務業 ☐公務員 ☐教職 ☐學生 ☐其他__________

請貼
郵票

To：114

台北市內湖區瑞光路583巷25號1樓

秀威資訊科技股份有限公司　　收

寄件人姓名：

寄件人地址：□□□

(請沿線對摺寄回,謝謝!)

秀威與BOD

BOD（Books On Demand）是數位出版的大趨勢，秀威資訊率先運用POD數位印刷設備來生產書籍，並提供作者全程數位出版服務，致使書籍產銷零庫存，知識傳承不絕版，目前已開闢以下書系：

一、BOD 學術著作—專業論述的閱讀延伸
二、BOD 個人著作—分享生命的心路歷程
三、BOD 旅遊著作—個人深度旅遊文學創作
四、BOD 大陸學者—大陸專業學者學術出版
五、POD 獨家經銷—數位產製的代發行書籍

BOD秀威網路書店：www.showwe.com.tw
政府出版品網路書店：www.*gov*books.com.tw

永不絕版的故事・自己寫・永不休止的音符・自己唱